Ulrich Bräker

Sämtliche Schriften des armen Mannes im Tockenburg

Zweiter Teil

Ulrich Bräker

Sämtliche Schriften des armen Mannes im Tockenburg
Zweiter Teil

ISBN/EAN: 9783743438026

Hergestellt in Europa, USA, Kanada, Australien, Japan

Cover: Foto ©ninafisch / pixelio.de

Weitere Bücher finden Sie auf **www.hansebooks.com**

Sämtliche

Schriften

des

Armen Mannes

im Tockenburg.

Gesammelt und herausgegeben

von

H. H. Füßli.

Zweyter Theil,
welcher sein Tagebuch enthält.

Zürich,
bey Orell, Gesner, Füßli und Compagnie 1792.

Tagebuch

des

Armen Mannes

im Tockenburg.

Herausgegeben

von

H. H. Füßli.

Erster Theil.

Zürich,
bey Orell, Geßner, Füßli und Compagnie 1792.

Vorbericht des Herausgebers.

Als ich bald nach der Herausgabe der Lebensgeschichte des armen Mannes im Tockenburg seinen vortreflichen Seelsorger bat, mir nun auch je eher je lieber die dort bereits in der Vorrede angekündigten Tagebücher dieses merkwürdigen Sohnes der Natur zu verschaffen, erhielt ich, nach wenigen Wochen, acht handschriftliche Bändchen, und an der Stirne des ersten den Vorbericht an seinen lieben, beßten Herr Pfarer, wie folgt:

„Auf Ihr Ansuchen, Ihnen etwas von meinen „ältesten Schmierereyen zu übermachen, folgt „hier das allererste Bändchen, welches ich schon „vor 21. Jahren (damals aus einzelen Blätt„chens, worein ich von Jugend an alle meine „Lapalien aufgezeichnet hatte) zusammengestop„pelt, und das hernach, nebst andern späthern „Aufsätzen, den Stoff zu meiner saubern Lebens„geschichte darreichen mußte. Mehreres, das „mir, nach meiner damaligen frommen Hirnwuth „nicht erbaulich genug schien (wie z. B. allerley „Liebes- und andre Lieder) wurden unbarmher„zig zum Feuer verdamme, und was noch etwa „diesem Auto-da-fe entgieng, diente nachwerts „meiner Frau statt eines Lumpens, vortreflich,

„bald den Tisch, bald unsern jungen Pflanzen
„den H** zu wischen. Auch diesem, und etli=
„chen andern nachfolgenden Büchelgen drohte das
„nämliche Schicksal; und nur auf dringende Vor=
„bitte meines L. Sohns Jakoblis sel. wurden
„dieselben begnadigt.

„Wenn Sie nun, mein L. Herr Pfarrer! auf
„das Ding einen flüchtigen Blick werfen wollen,
„werden Sie daraus, nach ihren tiefen Einsich=
„ten, meine damalige Gemüthslage und Sinnes=
„art bald errathen. Um Ihnen aber allenfalls
„auch diese Mühe zu ersparen, so hören Sie:
„Ich schrieb die erwähnten Blätter in jenem
„Zeitpunkt, wo alle Herrlichkeit bey mir ein End
„hatte; kurz, etliche Jahre nach meiner Ver=
„heurathung: Wo sich statt der vermeinten Süß=
„igkeiten des Ehelebens fast lauter Eckel und
„Unlust einstellten; wo man alle Beschwerden
„dieses hochbelobten Standes zentnerschwer zu
„fühlen anfängt, und Haus= und Nahrungssor=
„gen schaarenweis' bey einem armen Mann ein=
„zukehren pflegen. Da nahm ich dann eben
„auch, wie so viele andre, nothgezwungen, mei=
„ne Zuflucht zu jener elenden Frömmeley, die
„uns weder im Leben noch im Sterben wahren
„Trost gewährt, und ließ mir zumal mein ohne=
„hin schwaches Gehirn durch einen Haufen my=
„stischen Bücherquarks von beliebten und unbe=

„liebten Schriftstellern so vorrücken: Daß ich
„mir bald jeden weltlichen Gedanken — aber
„dafür nicht immer jede ungeziemende Handlung
„— zur Schuld rechnete, und besonders oft damit
„umgieng, in die weite Welt hinauszuwandern,
„und — andern Sündern Buße zu predigen.
„Allmählig aber erholt' ich mich doch so weit,
„daß ich mich entschloß, einstweilig nur an dem
„Heil meines besondern Vaterlands zu arbeiten;
„also für unser Tockenburg — einen dicken
„Band Bußpredigten zu schreiben. Endlich
„schrumpften meine Plane vollends auf den be=
„scheidenen Vorsatz ein, eine schriftliche Ermah=
„nung an mich und die Meinigen zu stellen,
„und dann zu sehen, wie mir dieser erste Ver=
„such gelingen würde (denn kaum hatte ich ein
„Paar Jungens in die Welt gesezt, so nahm ich
„mir die schärfste Kinderzucht vor, und dachte
„unfehlbar Engel aus ihnen zu machen). Bey
„Abfassung jener Ermahnung nun gab ich mir,
„fast noch mehr als um den Inhalt selber, alle
„ersinnliche Mühe, das Ding recht zierlich aufs
„Papier zu klecksen; denn ich wähnte: Kein Buch=
„stab könnte schön und künstlich genug seyn,
„meine hohen und wichtigen Geistesgeburthen
„würdig darzustellen, und damit auf den geneig=
„ten Leser einen um so viel größern Eindruck zu
„machen. Die Materie angehend, war ich be=

„sonders bemühet, mich wegen aller auch noch
„so unschuldigen Ergözlichkeiten meiner Jugend
„recht derbe auszufilzen, und, zum warnenden
„Exempel für Frau und Kinder, gleichsam vor
„ihren Augen mit Ruthen auszustreichen.

„Ungefehr nach Jahresfrist *) stuhnd das herr=
„liche Ding fix und fertig da; und kaum hatt'
„ich das lezte Wort ausgeschrieben, so pochte
„der Gedanke schon wieder an der Hirnthüre,
„mich nunmehr unverzüglich an ein grösseres
„und gelehrteres Werk zu wagen, und solches
„anfänglich unter meinen geliebten Mitlandleu=
„then schriftlich herumzubieten; in der Hoffnung,
„daß etliche meiner frommen Vettern und Baasen
„es nachwerts unfehlbar auf ihre Kosten zu St.
„Gallen würden drucken lassen. Allein — ich
„weiß mich nicht mehr recht zu entsinnen wie es
„kam — diese ganze Thorheit unterblieb. Ich
„begnügte mich, sonst von Mund aus alle meine
„Bekannten und Verwandten, zur rechten Zeit
„— und zur Unzeit, aber dann um so viel ernst=
„licher — zu einem heiligen Leben anzuspornen;
„und fiel mitlerweile darauf, ein Tagbuch anzu=
„heben, welches ich, wie Sie wissen, bis auf
„die heutige Stunde fortgesetzt habe; das aber
„Anfangs, oder vielmehr Jahre lang, nichts
„weiter enthielt, als einen ganzen Sack voll

*) Gegen End des Jahrs 1769.

"Sündenbekenntnisse; da ich mich nämlich wohl
"hüthete, jemals die Feder zu ergreifen, wenn
"ich aufgeräumter Laune war, u. s. f."

* * *

1. Jun. 1789.

Im Gegensatze nun werde ich, als ein aufrichtiger Freund des Verfassers, mich ebenfalls wohl hüten, dem Leser mit der ehevorigen frommen Milzsucht meines Freunds beschwerlich zu fallen. Denn so schön z. B. der eigentliche mit roth, gelb und grün gemahlter Fraktur geschriebene Titel jenes ersten Bändchens *), und die Aufschrift der verschiedenen Kapiteln desselben **)

*) Ein Wort der Vermahnung an mich und die Meinigen: Daß nichts bessers sey, denn Gott fürchten zu allen Zeiten.

**) Vorbericht. Die Langmuth Gottes. Gebet darüber. Ermahnung an mich selbst. Gebet darüber. Beschreibung meiner Pilgerschaft. Gebet darüber. Ermahnung an meine Kinder: In ihrer zarten Jugend; in den erwachsenen Jahren. Ueber die H. Schrift A. T. Ueber das Neue Testament. Ueber die Menschwerdung Jesu. Ueber das Leben Jesu. Ueber den Tod bis zur Himmelfahrt. Ueber die Ausgiessung des H. Geistes. Ueber die ersten Christen. Gebet darüber. Ueber das H. Vater Unser. Ueber die Bücher. Ueber den Tod meiner Kinder. Beschluß.

klingen mögen, so öde an Sinn, und bisweilen gar so reich an Unsinn, ist fast durchweg ihr Innhalt. Dieses zu beweisen, wäre schon meinem obigen Versprechen zuwider gehandelt. Und was die hie und da miteingeflossene Erzählungen aus unsers B** Jugendgeschichte betrift, (die ihm vielleicht eben zu den nachfolgenden Tagebüchern den ersten Gedanken gegeben,) so sind solche bereits von ihm selber in seiner Biographie hinreichend benuzt worden. Indessen ist wohl nicht zu läugnen, daß einzele zerstreute Spuren des nüchtern denkenden und zugleich lebhaften Kopfs, und des richtig bestellten Herzens, auch schon in diesen frühesten Produckten hin und wieder gefunden werden. Denn, wenn gleich z. B. bald ein jeder Mucker sich ohne Bedenken (so wie unser Verfasser in einem seiner Gebete,) einen stinkenden Sündenkrüppel, dürren Sündenstock, Madensack, Prophetentödter in seinem Innwendigen, tausendfachen Ehebrecher an Christo, u. s. f. nennt, so wissen's solche Herren nur zu gut, daß man nicht unhöflich genug ist, sie auf solche übertriebene Selbsteinzichten beym Wort — oder gar beym Kopf zu nehmen; aber dann lassen's doch die meisten bleiben, noch weiter auf ihrer — gänzlichen Unwürdigkeit zu bestehn, und sich darüber so redlich und naiv wie unser Author auszudrücken: „Kann ich dir

„etwas vergelten, mein Heiland! Ach nein,
„wenn ich mich dir ganz hingäbe, wär' ich ja
„ein elendes Geschenk, das dir nichts eintrüge —
„und dich noch viele Mühe kostete!" — An ei=
nem andern Ort, nachdem er zuerst die schlimm=
ste Klasse der Jugend seiner Zeit geschildert, fährt
er also fort: „Dann giebt es eine zweyte Art.
„Diese hat noch ein Gefühl von der Sünde,
„und einiche Liebe zu Gott und seinem Wort.
„Jede gute Predigt, oder Buch, oder schöne
„Spruch kann sie oft bis zu Thränen rühren;
„sonderheitlich zur Zeit, wenn man sie zum H.
„Nachtmal unterweiset. Aber der Saamen des
„Worts liegt bey ihnen am Weg; die Vögel von
„der erstern Art kommen und fressen ihn auf;
„und weil sie ihre Gesellschaft nicht meiden,
„werden sie hingerissen, und oft noch ärger als
„jene," u. s. f. — Und wie lieblich: „Mir brach
„einst mein Herz, als ich in der Bibel die Worte
„las, daß ein Sünder noch sollte willkommen
„seyn. Was, sprach ich bey mir selber, noch
„gar willkommen? Hier stuhnden mir alle Ge=
„danken still." — — Und wie fein, wenn schon
seltsam ausgedrückt: „O mein himmlischer Josua!
„wie oft hast du die Cananiter meines Herzens,
„die unreinen Gedanken, mich ausreuten heissen;
„und ich habe allemal — die liebsten übrig ge=
„lassen." Und wie artig von den Söhnen Sa=

muels: „Diese werden ohne Zweifel gedacht, „oder gar gesagt haben: Unser Vater wäre reich „worden, wenn er nur auch seinen verdienten „Lohn genommen hätte. Wir wollen's nicht also „machen. Geschenke nehmen, ist nicht gestoh-„len," u. s. f. — Von David meint unser Laye, was im J. 1769. gewiß noch nicht alle Pfarrer glaubten: „Sein Sündenfall sey uns zwar „auch aufgeschrieben, aber zur Warnung, „und nicht zum Deckmantel, wie ihn die Welt „gebraucht, und von der Buße nichts hören „will." — In einer Paßionsbetrachtung sagt er: „Wie wollen wir das Leiden und den Tod „unsers Herrn begreifen, wir, die wir — nicht „einmal ein Scheltwort vertragen können." Und an einer andern Stelle eben dieser Betrachtung: „Sehet, was der Tod Jesu schon wirkt! Ein „heidnischer Hauptmann wird gläubig, und zwey „vorhin heimliche Jünger Jesu werden — be-„herzt." In dem Kapitel über die Ausgießung des H. Geists und über die ersten Christen dringt er wesentlich darauf, die Buße bey sich selbst anzufangen, oder, wie Er sich ausdrückt, „zuerst seine eigne Sach' anzugreifen; und zwar „in der Stille." — Bey einer andern Gelegenheit bemerkt er: „Aber man will es nicht also, „daß man Gott seinen Willen lasse, seinem Worte „und den Trieben seines Geistes folge; sondern

„man will Gott nur zum Hergeben, zum Nah=
„rung und Decke, Hülle und Fülle schaffen, was
„Mund, Augen und Ohren ergetzt. Und dann
„zu allerletzt, wenn man der Welt ausgedient
„hat, soll Gott zur Noth selig machen, wo man
„sich nicht gar von einem fleischlichen Himmel
„träumen läßt, wie die Türken." Unter der
Rubrick: Ueber das H. Vater unser, in wel=
cher überhaupt verschiedene recht schöne Stellen
zum Vorschein kommen, heißt es unter anderm:
„Viele meynen, wenn sie dieß herrliche Gebet
„hergeplappert, sey's schon genug, und wenn
„sie's unterliessen, wär's eine grosse Sünde;
„und bedenken nicht, daß sie mit ihrem Beten
„noch mehr sündigen, weil sie Gottes spotten,
„da sie für Dinge bitten, die sie im Grund weder
„wollen noch begehren — und nicht einmal ge=
„schenkt nähmen." Diese Betrachtungen über
das Gebet des Herrn schliessen sich mit etlichen
Seiten nicht ganz schlechter Verse, in welchen
sich unser arme Mann, vor ungefehr zwanzig
Jahren wie es scheint zum erstenmal, versucht
hatte. — In dem Abschnitt: Ueber die Bücher,
meint er, „es seyen deren wohl viel mehr als
„Menschen in der Welt. Und", fährt er ganz
in seiner künftigen ihm eigenen Manier fort,
„ihre Art und Beschaffenheit ist ebenfalls viel
„tausendfach. Ueberhaupt giebt es freylich nur

„zweyerley, nützliche und schädliche; und wenn „es noch eine dritte Klasse zu geben scheint, die „in der Mitte stehn, so hab' ich dieß wenigstens „an mir selbst nie ganz wahr, sondern immer „befunden, daß mir diese Dinger entweder Nu= „tzen oder Schaden gebracht, an Leib oder Seel." Und nun warnt er seine Kinder sehr ernsthaft „vor gewissen teuflischen Schriften, deren Urhe= „ber einst der gerechte Richter schon werde zu „finden wissen; als da seyen: Romantische Lie= „bes= und H.** Geschichten und Lieder; über= „haupt alle erlogene gottlose Erzählungen, alle „Schwarze Kunst= Zauber= und Blendbüchlein, „alle Schmäh= und Lästerschriften; und eben so „auch alle auswendig gelernte faule Possen und „Reimen." — „Etwa Aesopische und andre „Fabeln," meint er (freylich sehr irrig) „seyen „auch nichts nütze. Und von allen andern welt= „lichen Büchern, Geographien, Helden= Staats= „und Lebensbeschreibungen," u. s. f. (die ihm doch nachwerts so ungemein viel schuldloses Ver= gnügen, und — ich glaube mich nicht zu irren — in seiner individuellen Lage selbst so viel Nutzen gebracht,) urtheilt er kurzweg: „Daß solche zur „Seligkeit nicht nothwendig, für gewisse Leuth' „aber im Leiblichen wohl zuträglich seyn kön= „nen"; welches denn eben zu wenig oder zu viel — das ist Nichts — gesagt heißt; so ungern ich übrigens einem jeden ohne Unterscheid mit St. Paul und unserm B.** rathen möchte: In dieser Rücksicht Alles zu prüfen, und nur das Gute zu behalten. Denn gerade mit dieser Prüfung ist's ein so heickeles, und mit dem Behalten ein so leichtes Ding! — Zwey unkeusche Romanen (sagt er) habe er eines Tags ins Feuer geworfen; und ihrem Author (meint er) dürft' es einst eben so ergehn. Welt- und Reisebeschreibungen hiernächst (behauptet er vielleicht nicht ohne Grund) hätten wenigstens im Anfang, ein Mißvergnügen mit dem Stand worein ihn Gott gesetzt, und mit seinem Vaterland in ihm erweckt. Geschichtbücher indessen, „aus denen „er die wunderbare Regierung Gottes sehen, „und gleichsam mit Händen greifen könnte", hätten dann freylich einen beßern Eindruck auf sein Herz gemacht. Eben so die Sittenlehren, und am allermeisten eigentlich fromme und gottselige Schriften: „solche nämlich, deren Ver„fasser nicht ihre eigene Ehre, sondern das Lob „Gottes und das Heil der Menschen zu ihrem „einzigen Zweck gehabt." Vor allem aber die Bibel. „Ein Haus ohne dieß göttliche Buch „sey wie eine Nuß ohne Kern. Wie nützlich", sagt er, „ist doch einem Reisenden ein richtiges „Handbüchlein, das ihm durch fremde Lande „seinen Weg weiset, so daß er nicht bey jedem

„Haus nach der Straße fragen muß, und doch
„alle Augenblick' in Gefahr steht, verführt zu
„werden!" Dann rühmt er, nebst dem Cate=
chismus, seinen Kindern besonders die Schriften
von Arndt, Luzius, Bogatzky, Zollatz, und
von zwey ungenannten Verfassern: Die Wege
und Werke Gottes in der Seele, und Gott=
liebs fliegenden Brief an die Jugend.

Und nun genug von jenem ersten Bändchen,
das übrigens nicht minder als 374. S. in 8.
enthält.

* * *

Mit dem zweyten fängt sein erstes eigentliches
Tagebuch vom Jahr 1770. an. Dasselbe ent=
hält wieder über 300. S. in 8. Aber auch aus
diesem, und den acht nächstfolgenden, also bis
zum Jahr 1779. werd' ich von Tausenden kaum
Eines anführen: Nur das Sinnigste und Unsin=
nigste — was wesentlich die Stuffenfolge seiner
Kultur bezeichnen kann — oder etwa den Land=
leuthen des Verfassers besonders angenehm seyn
dürfte.

Da lesen wir vorzüglich häufig die seltsamsten
Anwendungen des Leiblichen auf das Geistliche,
oder Vermischung von beyden; wie z. B.

„Da es eine Zeit lang ausserordentlich kalt
„gewesen, erinnerte ich mich oft der Worte:
„Herr!

„Herr! wer kann bleiben vor deinem Frost, und
„dachte dabey: O was wird die für ein Frost
„überfallen in dem langen Winter der Ewigkeit,
„die in dem Sommer ihres Lebens sich um die
„warmen Kleider des Heils nicht ernstlich bewor-
„ben haben*).” Ein andermal: „Heute hab' ich
„mir durch englisch Salz den Magen reinigen
„wollen; aber es ist mir, glaub' ich, kaum
„zur Hälfte gelungen. Ach! Verderben und
„Krankmachen kann ich mich wohl; aber mir
„selbst zu helfen steht nicht in meinen Kräften.
„Ich werde den Arzt rufen müssen. Und für
„mein armes besudeltes Herz, wen, ach!
„wen **)”? Wieder ein andermal: „Heute war
„ich bey meinem Schwiegervater, der gestern
„Abends ein Schwein getödtet. Wie doch alle
„Thiere um des Menschen willen müssen das
„Leben lassen — und auch wir um der Sünde
„willen ***).” Ferner: „Wie hat das Getön
„der Glocken, und ihr anmuthiger Klang, der
„so weit her gehört wird, mich schon so oft in meinem
„Innersten bewegt; und auch heute dacht' ich:
„Ach! was wird es dann seyn, an jener allge-
„meinen Kirchenversammlung, wenn der Rich-
„ter aller Welt seine grosse Sturmglocke wird

*) 1770. 11. Jan.
**) Ebend. 8. März.
***) Ebend. 27. Nov.

„erschallen lassen!" Und um Weihnachten: „O
„liebster Herr Jesu! wie gerne möcht' ich in
„diesen bevorstehenden Feyertagen dein Bethle=
„hem, dein Stall, deine Krippe, dein Heu,
„deine Windel seyn! Aber, ach, liebstes Kind,
„du siehst, wie wenig Raum für dich ist in der
„Herberge bey mir! Du siehst, wie der Stall
„so voll unreiner Thiere, wie eng die Krippe,
„wie hart das Betthen, wie roh die Windeln —
„meines Herzens sind, u. s. f." — Und zu End des
Jahres: „Ach! wenn kömmt doch einst das
„rechte Neue Jahr, da alles miteinander neu
„wird; da sich ein ewiger Frühling anhebt? O
„was wird das für ein allgemeines Freudenge=
„tümmel, für ein Glückwünschen seyn!"

Richtigkeit, Lebhaftigkeit, Feinheit hingegen
findet sich denn schon z. B. in folgenden Bemer=
kungen, über sich selbst und über andere. „Ha=
„bet acht auf Euch selbst: Wein und Weiber
„verführen die Herzen der Weisen; warum
„sollten sie denn mich elenden Thor nicht bethö=
„ren können?" — „Wenn ich daheim bey Weib
„und Kindern bin und meinem Beruf abwarte,
„bin ich gewöhnlich auch der Seele nach weit
„eher bey Haus." — „Als ich heute meinem
„Berufe nach über Feld gieng, und ohne Noth
„schon des Morgens früh' eine Schenke betrat,
„machte ein Glas Gebranntes mich zuerst leicht=

„sinnig, daß ich noch darüber ein Wenig Wein
„foderte. Aber bey mir heißt es in solchen
„Fällen immer Mehr!" — „O wie viel Tadelns
„ist doch bey den Menschen über die weise Vor-
„sehung Gottes, besonders bey dieser noch immer
„fortdauernden kalten Witterung. Doch giebt es
„hier und da auch einen der mit Gott zufrieden
„ist, und meint: Er werd's nach wohl ma-
„chen, wie er's am Beßten finde — sagte
„mir heut' ein blutarmer Mann *)." — „In
„der heutigen Predigt ward mein Herz heftig
„bewegt, als ich den Gesang so vieler hundert
„Menschen hörte. Ich dachte: O mein Gott!
„Die äusserliche Stimme, der Ton und Klang
„dieser Leuthe ist wohl zu dir gerichtet; aber
„ach! wo ist das Herz und der Wille der meisten
„von ihnen? Eines jeden bey seinem geliebten
„Gegenstand: Bey seinen Aeckern, Rossen, Kü-
„hen: bey seinem Garn und Geld; bey seinen
„Knaben, Jungfern, u. s. f." — „Heute bey
„Beerdigung zwoer Leichen, als ich die Menge
„Menschen, die wie Bäume dastanden, und wie
„die Rosen blüheten, und hinwieder die ausge-
„grabenen Knöchel, Gebeine und Schädel so
„gegen einander ansah, ward ich gewaltig er-
„schüttert in meinem Innwendigen. O Gott!
„dacht' ich: Wo sind jtzt die Geister, die in

*) Ebend. 6. Apr.

„diesen Knochen gewohnt haben?" — „Heute
„hört' ich in der Predigt zu Lichtensteig die
„Worte verhandeln Act. XXVI. V. 28. Agrippa
„sprach zu Paulus: Du überredetest mich
„beynahe, daß ich ein Christ würde. Ach ja,
„o mein Gott, wie sind der falschen Ausflüch=
„ten so viele, wenn du uns durch dein Wort
„und deine Diener zum Rechtthun aufforderst.
„Ich kann nicht: das ist nicht wahr. Nur
„Eins ist wahr, aber nicht gültig: Ich mag
„nicht, und will nicht." — „Wenn ich immer
„fliehe in dieser Welt als ob mich jemand jagte,
„so komm' ich ohne Schaden durch. Aber so
„bald ich stillstehe, mich mit Lust an diesem und
„jenem vergaffe, und mir zu meinem Vergnügen
„noch so klein scheinende Dinge erlaube, bin ich
„schon wie gefangen."

Auch in dichterschen Versuchen übte sich unser Verfasser damals schon; und es ist unglaublich, wie er, zumal in dem schönen May 1770. so viel — schlechte Verse gemacht. Hier eine Probe von den bessern:

> O Bitterkeit, o Bitterkeit,
> Wie machst du mir so schwer!
> Ach! daß mein Herz doch allezeit
> Dir zugeriegelt wär'!
> Legt mir mein Weib was auf zur Last,
> Das ich nicht gern mag tragen,

Bin ich nicht allemal gefaßt,
Mit Lieb' es — zu versagen.

*   *   *

Das Tagebuch vom Jahr 1771. enthält 170. S. in 4°. Auch hier giebt es der widerlich, und hinwieder der angenehm überraschenden Stellen genug. Abermals zur Probe nur die auffallendsten.

Von den ersten z. B. „Bisher war der Bauch „ein grosser und in unsern Gegenden überall „angebeter Abgott. Aber bey der jetzigen Theu=„rung hat dieser Dagon ein Arm und ein Bein „gebrochen. Er ist erschrocken vor dem lebendi=„gen Gott, und kann sich selbst nicht mehr hel=„fen *)." — Ferner am Osterabend: „Heute „sollen wir uns erinnern, wie du, o liebreicher „Heiland, deine Ruhe im Grab genommen; wie „Joseph und Nikodemus über deinen heiligen „Leichnam erfreut gewesen. Hätte Pilatus ge=„wußt, was für ein köstliches Geschenk er da „hingäbe, er hätt' es wohl — für sich behal=„ten." Und am H. Ostertag selber: „Ach! wo „ist die wirkende Kraft des auferstandnen und „nun in alle Ewigkeit lebenden Heilands? Ach! „Herr Jesu, deine Christenheit ist ein verfrornes, „ganz todtes Erdreich, über welches weder Thau

*) 1771. 6. Febr.

„noch Regen, weder Sonne noch Südwind nichts
„vermögen. Was Wunder, wenn du schon —
„mit Karst und Bickel drein schlagen mußt!"

Dagegen veranlaßten B** lebhafte Empfindungen für die besondere Schönheiten der Natur, und hinwieder das Gefühl seiner eignen und anderer Noth in diesem merkwürdigen Hungerjahr, manche ganz gute Stelle. „Heute sah' ich ein „schönes Sommervögelchen. Wie anmuthig und „erquickend sind doch mitten im Winter solche „Zeichen des Sommers; und im Sommer selber „— wie wenig werden sie geachtet*)"! — Ach „Herr! wer hat Achtung auf deine Hand, die „wir doch stündlich, im Sommer und Winter, „bey Tag und bey Nacht erblicken könnten. Oder „woher kömmt uns jtzt eine solche Menge Schnee? „Wer ist da gewesen, wo er erzeugt ward? „Man staunt ihn an des Morgens, wenn er so „unversehens die ganze Natur überkleidet hat; „man tritt ihn mit Füssen; aber niemand wundert sich über deine Allmacht. Wenn man ihn „so herabstürmen — und doch nicht hinaufsteigen „sieht (dacht' ich heute) sollte man denken, die „Wolken müßten einmal lär werden. Aber bey „dir ist von Allem unerschöpfliche Fülle**)." —
„Wie es mich aufrichtete und zugleich beschämte,

*) Ebend. 2. Jan.
**) Ebend. 10. Jenn.

„als ich heute dort auf der Brücke etliche Sper=
„ling ihre Speise mitten aus dem Leimen so
„munter picken sah. Da empfand ich lebhafter
„als noch nie die Worte unsers Heilands: Daß
„auch von diesen Vögelchen keines auf die Erde
„fallen könne ohne den Willen unsers himmlischen
„Vaters! Auch für ihre Nahrung sorgt er;
„einmal sie sorgen ja nicht dafür, ob sie gleich
„dieselbe fleißig suchen. Und wenn ich sie hun=
„dertmal verjage, hüpfen sie nur an eine andre
„Stelle, und suchen, und finden wieder, auch
„im strengsten Winter, wenn man glauben sollte,
„daß es aus und gethan mit ihnen seyn würde;
„und sind immer fröhlich, schwingen sich bald
„in die Höhe, und setzen sich dann wieder, wie
„es ihnen gelüstet. O ich Kleingläubiger *)!"—
„Gestern Nachts konnt' ich auf meinem Lager
„allerley unzufriedener, wünschender Gedanken
„fast unmöglich los werden. Schon seit mehrern
„Jahren melden sich diese gewöhnlich im Frühling
„bey mir, wenn die Erde grün, und neu belebt
„zu werden beginnt, bey der Ueberlegung, daß
„ich an alle dem so zu reden keinen Fuß breit
„Antheil habe, und von jedermanns Gnade leben
„muß **)." Wie richtig sind nicht folgende Be=
merkungen, und wie naiv die darinn enthalte=

*) Ebend. 26. Jan.
**) Ebend. 13. Apr.

nen Selbstgeständnisse! „Seit etlichen Tagen ist
„in meinem Haus ein unwilliges Feuer unter
„der Asche verborgen gelegen, und am vierten
„dieses Monaths endlich in einen ziemlichen Krieg
„ausgebrochen, da es denn auf beyden Seiten —
„oder doch bey mir — nicht ohne Wunden ab=
„gieng. Endlich ward Friede geschlossen, wozu
„nicht wenig beytrug, daß ich gestern ein
„Wupp *) auf den Stuhl genommen. Denn
„für meinen unbändigen Sinn ist nichts besser
„als fleißig arbeiten, und unter dem Arbeiten
„den Geist in die Höhe zu richten, von wo der
„Friede kömmt, und du, o süsse Anbe **)"! —
„O Herr! prüfe und erforsche doch du mich,
„und zeige mir wo ich dein Kreuz trage,
„oder hinwieder wo ich es — mir selber ma=
„che †)"? — „Wenn ich leben könnte wie ein
„Reicher, so würde ich den Titel eines Armen
„Manns noch wohl vertragen können. Aber
„wenn ich bisweilen nicht weiß, wo aus und
„an, o wie unwillig bin ich alsdann arm, oder
„baue mir tausenderley Luftschlösser! Bald hab'
„ich ein Haus auf dieser und jener Anhöhe, mit
„der angenehmsten Aussicht; bald einen hübschen

*) Baumwollengarn zu einem sogenannten Stuck
auf den Webstuhl.
**) 1771. 9. Febr.
†) Ebend. 19. Apr.

„Bauernhof: bald einen Beutel wie eine Wan-
„ne groß, voll Gold das nicht gar wird. Bald
„bin ich auf Reisen, und mache mich lustig in
„schönen Städten, oder fliege gar über Meer
„ins gelobte Land, oder auf eine Zimmtinsul.
„Und wenn ich aus diesen süssen Träumen er-
„wache, bin ich immer am alten Ort. — Die
„vielen geographischen Bücher, die ich lese,
„nützen mir, denk' ich, eben auch nicht viel *).‟
„— Die gegenwärtige verdienstlose Zeit ist eine
„allgemeine Landplage, die uns Tockenburger
„alle trift; doch den einen mehr, den andern
„minder. Was mich angeht, so gehör' ich zu
„der Mittelklasse — aber doch zu denen, die
„sich am schlechtesten drein zu schicken wis-
„sen **).‟ — Mich macht der Wein, den ich
„doch so gerne geniesse, immer lau und träge,
„und verrückt mich vom Ziel. Könnt' ich einen
„Betrunkenen einmal recht lebhaft schildern, in
„seiner ganzen häßlichen Gestalt, und dann dieß
„Bild immer in Bereitschaft haben, und es mir

*) Ebend. 14. Jul.
**) Ebend. 10. Aug. Sehr dankbar erkennt unser
Verfasser bey dieser Gelegenheit die Milde seines
Landesfürsten, der Fürstl. Stift St. Gallen,
die im Frühjahr 1771. den Armen in der Grafschaft Tockenburg eine geraume Zeit (mit der
wöchentlichen Einbusse von an die 3000. fl.) Früchte
um wohlfeilen Preiß zufliessen lassen.

„vor Augen stellen in der Stunde der Versu=
„chung. Denn, wo ist wohl ein elenderes Ge=
„schöpf als ein solches? Gott und Menschen
„verhaßt — selbst den Thieren verächtlich —
„und ein Gelächter der Teufel. Muß nicht die
„Himmelsgabe des Weins seufzen, wenn sie in
„solchem Unmaaß in einen derley Erdenlast hin=
„ein gezwängt wird"? — „Ach! daß ich doch
„meinen Mund verwahre, und durch denselben,
„wie durch ein wohlbewachtes Stadtthor, nichts
„weder hinaus noch hineinlasse, als was der
„Stadt nützlich und heilsam ist"!

Auch in diesem Jahr machte B** bisweilen
nicht unfeine Verse, wenn man sie zumal mehr
nach ihrem innern Gehalt, als nach dem Kittel
beurtheilen will. z. B.

Wie geht es zu in dieser Welt, wie ist das ein Ge=
tümmel!
Da lermt der eine wie ein Herr, und dieser wie ein
Limmel.
Hier führt man eine Leich' zu Grab, dort taufet man
ein Kinde;
Da siehet man ein Hochzeitpaar, und dieser lauft
geschwinde
Von Weib und Kind', und macht sich los von allen
seinen Banden.
Wo will's denn endlich noch hinaus, allhier in diesen
Landen?

Der sinnt und sorget unterm Dach, ein andrer lauft
und rennet
Stets über Feld, und achtet's nicht, auch wenn's
beym Nachbar brennet.
Da einer hier, der flucht und wühlt, und dieser ihn
verdammet,
Und gar ihn einen Bastard schilt, da er doch von
Ihm stammet.
Der scharrt zusammen Tag und Nacht, und dieser
da verbutzet.
Der hat der Schulden viel gemacht, und sieht! wie
er noch trutzet!
Dort einer betelt was er mag, und ihm wird viel
gegeben;
Und dieser führt die schwere Klag: Es sey nicht mehr
zu leben.
Ach Gott! wenn ist der Lerm denn aus?
Wenn komm' ich in die Ruh' nach Haus?

In den vier letzten Monathen des Jahrs grassirte die Ruhr gewaltig im Tockenburg. Nach unsers B.** Versicherung zählte man daher zu Ende desselben in der Gemeinde Wattweil 237. Todte gegen 63. Geburthen: „Ein (sagt er) „in unsrer Commun noch nie erhörtes Uneben= „maaß. Im September wurden dort innert „vierzehn Tagen an die 30. Leichen bestattet; „meist Bluhmen in ihrer schönsten Blüthe, von „16= 20= 22. Jahren." Auch er verlor den 13. „und 16. Sept. an dieser Krankheit seine bey=

„den ältesten Kinder, einen Sohn von neun,
„und eine Tochter von acht Jahren. In dem
„erwähnten Tagebuch stiftete er dem erstern
„folgendes kleine rührende Denkmal:

Der fünfzehnte September.

„Dieser Tag wird mir auf immer unvergeßlich
„seyn, an welchem mein allerliebstes ältestes
„Söhnchen im neunten Jahr seines Alters To=
„des verblich. Vor fünf Tagen kam er mit
„einem Frost nach Haus, und mußte sich legen.
„Bald aber stellte sich die Hitze im Unterleib ein.
„Dann gieng das schmerzhafte Laufen an, und
„Leiden und Schwäche nahmen zusehends so über=
„hand, daß gleich am ersten Abend alle Hoff=
„nung für uns verschwunden war. Nicht die
„geringste Speise mehr wollt' er zu sich nehmen;
„wohl aber litt er entsetzlichen Durst, und er=
„trug alle diese Pein mit grosser Standhaftigkeit,
„ob er gleich sein junges Leben ungern verlor.
„In der gestrigen Nacht focht er schon mit er=
„storbnen Gliedern von einer Stelle zur andern,
„und legte immer seine kalten Hände hin und
„wieder, bis der Tag anbrach, und er endlich
„des Morgens um 6. Uhr im Herrn entschlief.
„So eben machte ich ihm sein Ruhbettlin unter
„tausend Thränen. Hier, mein lieber

Johann Ulrich!

„Deine kurze Geschichte. Gerade vor neun Jah=

„ren (10. Sept. 1762.) wurdest du mir ge-
„schenkt, und erfreutest, als mein Erstgeborner,
„mein Herz mit unaussprechlicher Freude. In
„deinem ersten Lebensjahr giengst du auf, wie
„eine Rose, und konntest innert fünfzehn Mo-
„nathen schon überall herumtrippeln. Aber bald
„darauf verlor sich deine blühende Gestalt, und
„allerley Ungemach stellte sich schon in diesen
„frühen Tagen ein; vornämlich ein immer wie-
„derkehrendes Reissen im Unterleib, das dich von
„da an bis an dein End fast nie verließ. Bis
„in dein Siebentes machtest du sicher mir und
„deiner Mutter unzählbare Sorg' und Kummer,
„und warst schon da zwey oder dreymal dem
„Tode nah'. Unsre Liebe für dich wuchs deswe-
„gen nur um so viel stärker. In den zwey letz-
„ten Jahren nahmst du wieder ein wenig zu;
„doch nicht so, daß wir jemals hoffen durften,
„du würdest noch ein muntrer starker Jüngling
„werden. Lernen und Arbeiten kam dich sauer
„an, obgleich du in allen Sachen gelehrig warst,
„aber bald unwillig wurdest aus Mangel kör-
„perlicher Kräfte, das mir oft grosse Mühe
„machte. — O mein Sohn, mein Herzenssohn,
„meine Lust und mein Vergnügen! überall er-
„blick ich mein Bildniß in dir, mehr als in
„allen andern meinen Kindern; sowohl im Guten
„als im Bösen. Ach! mein Liebster, mußtest

„vielleicht meine Sünden und meine Gebrechen
„an dir herumtragen, in deiner kurzen Pilgrim-
„schaft! Wie brach's mir das Herz, wenn ich
„während deiner Krankheit, des Heldenmuths
„ungeachtet, womit du die heftigsten Schmerzen
„ohne Murren ertrugst, von Zeit zu Zeit aus
„deinem Mündlein ohne Falsch erfuhr, wie du
„dich vor Tod und Grab scheuetest, und dem
„h. Gott versprachst, recht zu thun, und Vater
„und Mutter gehorsam zu seyn, wenn er dich
„wieder gesund werden lasse; wie du alle Abend
„sagtest: Seh'*) wie geht's mir wohl bis am
„Morgen? und's dann die Nacht durch und
„am Morgen immer schlimmer kam. Wie zer-
„schnitt' es mir die Seele, wenn ich dich auf
„die eingefallnen Wängelchen küßte, und du,
„mein Schäflein! mich, und ich dich immer
„länger und leiser „Lieber Aete! — Aete!" ruf-
„fen hörte, und deine ausgemergelten Aermchen
„nach mir, nach deiner Mutter und Großmut-
„ter, nach der Baase, und deinen zwey kleinen
„Schwesterchen ausstrecken sah; wie du uns alle
„bey den Händen nahmst, und abletzteft**),
„und alle mit dir wollt'st in den Himmel neh-
„men, und wir dir nachzukommen versprechen
„mußten, und du mich noch frisch anfaßtest im

*) Schweitzersches Provinzialwort, für: Laßt sehn!
**) Das letzte Lebewohl gabst.

„letzten Kampf, mich auf dein schon vom To-
„desschweiß kaltes Antliz herniederzogst, auf die
„Backen streicheltest, und deine Zunge nach
„Wasser lechzte, als du schon lang nicht mehr
„reden konntest: Wie du dann die Hände rangst,
„die Augen stelltest, den Mund peinlich und
„doch noch mit Anmuth verzogst — und dann
„dein Geist zu seinem Ursprung entfuhr.

„An dem Tag da Johann Ulrich zur Erde
„bestattet wurde, lag mein ältestes Töchtergen
„an der gleichen Krankheit ebenfalls schon auf
„dem Lager. Es zeigte nicht so viel Geduld wie
„er; ihre Schmerzen in ihrem weniger ausge-
„mergelten, und dabey weiblichen, jüngern Kör-
„perchen, mochten aber auch heftiger gewesen
„seyn, als die ihres Bruders. Am 17ten des
„Morgens fand sie auf einmal Ruhe, und ächzte
„nun mit kindlichem Geist nach ihrer gänzlichen
„Erlösung, welche endlich auch Abends um 5.
„Uhr erfolgte. Sie hatte ihr kurzes Leben auf
„7. Jahre, 11. Monathe und 8. Tage gebracht.
„Gleich ihrem Brüderchen konnte sie schon ziem-
„lich lesen, ein wenig schreiben, und etwas
„verdienen. Auch sie war von Jugend auf nie
„recht gesund."

„O wie sollten wir Eltern dem Herrn danken,
„der uns gewürdiget hat, zwey unsrer Kinder
„wenigstens in so weit zu erziehen, daß sie be=
„reits zu etwelchem Verstand gelangt, manche
„Trübseligkeit dieses Lebens dapfer bestanden,
„und dadurch um so viel tüchtiger geworden,
„die Freuden eines künftigen zu geniessen, und
„den grossen Urheber derselben ewig dafür zu
„preisen.

„Den 18ten ward auch ich ins Beth gewor=
„fen*), u. s. f.

„Im folgenden November ward mein Verlurst
„einigermaassen ersetzt, da mir mein Weib wie=
„der ein gesundes Kind zur Welt gebracht. O
„wie viel giebt es doch der unerkannten Wohl=
„thaten Gottes. So z. B. eben Kinder mit
„geraden wohlgestalten Gliedern. Da meynt
„man, es müße so seyn; es sey so der Brauch,
„u. s. f."

*   *   *

Die Tagebücher von den Jahren 1772. u.
73. enthalten zusammen 287. S. in 4. In dem
letztern fängt B.** jede neue Tagesbetrachtung
mit einem grossen zierlich geschweiften Buchsta=
ben, und zwar nach der Ordnung des Alphabets
an; worüber er sich, wie wir wissen, in seiner

Le=

---
*) S. die Lebensgeschichte S. 200 ș 203.

Lebensbeschreibung selber so meisterhaft lustig macht. — Und leider waren diese schönen Buchstaben wirklich das beßte an diesem Tagebuch, aus dem ich auch nicht eine Zeile zu meinem Endzweck gebrauchen konnte. Noch immer die leidigen Vergleichungen, z. B. einer Schweizerschen Landsgemeinde mit dem allgemeinen Gerichtstag; oder dann solche Stellen, welche noch heut zu Tage ganz andern Kirchenlichtern, als B.** niemals weder scheinen noch seyn wollte — freylich nur bey ihresgleichen Ehre bringen würden; wie z. B. folgende: „Gott ist „uns überall in der Nähe. Er umgiebt uns im „Mutterleib, wenn wir geboren werden, in der „Kindheit, in der Jugend, im Alter; wie die „Luft den Vogel, wie das Wasser den Fisch. Er „durchdringt unser Innwendiges, unsre Adern, „Mark und Gebein — da wir doch vor ihm „sind wie Heuschrecken — wie Läuse auf dem „Haupt", u. s. f.

Aber dann auch Besseres. Z. B. „Heute begeg„neten mir eine Menge halbnackter Betelkinder, „die ihr Brodt vor allen Thüren suchen mußten; „im gleichen Augenblick sah' ich eine Schaar „Spatzen, die um ihre Nahrung ausflogen, „und dachte: Wahrlich, die sind doch noch bes„ser dran als die erstern, da sie bloß Gottes, „jene der Gnade seiner Menschen geleben müs-

„sen *).‟ Bey gewissem Anlaß macht er die Bemerkung: „Wer mit Versprechungen nach einem „Amt stellt, ist gewiß im Grund nicht tüchtig „dazu, so geschickt er auch scheinen mag **).‟ Und ein andermal: „Die Sonne leuchtet uns „allen gleich. Sie ist nicht Schuld, wenn der „eine sich den ganzen Tag an den Schatten stellt, „mittlerweile sich der andre bis zum Untergang „von ihr bescheinen läßt.‟ — Einmal redet er, freylich eine der schönsten Tugenden, aus der Fülle des Herzens also an: „O du edle Arbeit=„samkeit, du Verkürzerinn der Zeit, du Pflege=„rin der Gesundheit, du Nährerin des Lebens, „du Dienerin des Nächsten, Mutter jeder Tugend, „Behüterin vor allem Laster! Künftig sollst du „meinem Geist erwünschter, und meinen Gliedern „angenehmer seyn, als alle Wollust des Müßig=„gangs‟! — Was er für eine Arbeit meynen mochte? Denn ungefehr um die nämliche Zeit lesen wir an einer andern Stelle: „Ich warte „mit Verlangen auf die erste schickliche Gelegen=„heit, des verdrüßlichen Tüchergewerbs gänzlich „los zu werden. Denn Gott weißt, wie wenig „nütze er für mein Hauswesen, und wie gefähr=„lich er für meine Seele ist. Wie ein Nagel „in der Wand, also steckt da immer Sünde

*) 1772. 16. Merz.
**) Ebend. 16. May.

„zwischen Käufer und Verkäufer. Kein Stand „hätte mehr zu überwinden, und in keinem wird „weniger überwunden *)." Ein Lied: Gott, die Quelle aller Freude, hebt er also an:

Wer hat im Anfang den Adam erschaffen,
Und ihm sein Herz zur Freude gestellt?
Wer ließ in Eden so süß ihn entschlafen,
Hat ihm zur Lust die Gehülfin erwählt?
Wo kömmt so viel Wonne von Anfang der Zeiten?
Wer giebt sie, wer macht sie, wer kann sie bereiten?
Wo kömmt die Herrlichkeit Salomons her,
Wer gab ihm so viele Weisheit und Ehr'? . . .
Auch mir, wer hat mir das Daseyn gegeben,
Die Brust schön mit tausend Vergnügen entzückt?
Ich glaub' es — ich weiß es — ich hab' es erblickt:
Gott ist es, u. s. f.

Denn freylich entspricht das End diesem Anfang bey weitem nicht.

*   *   *

Auch die Tagebücher von 1774. und 75. (zusammen 254. S. in 4º.) liefern eine sehr magere Erndte. B** schien damals aus Gründen, die man in seiner Lebensgeschiche **) finden kann, die lebende und leblose Natur in Flor verhüllt; und alles was er schrieb, trug eben dieses düstere Gepräge. Man höre z. B. seine seltsame Dichterey vom 24. Aprill 1774.

*) 1772. 22. Dez.   **) S. 204. u. f.

Wenn ich gestorben bin, so soll man alsdann sagen:
Ein Wurm ist aus dem Koth ins Federbett getragen;
Ein stark verfolgt Gewild ist noch dem Hund entronnen,
Ein müd gejagter Hirsch ist in die Freyheit kommen;
Ein Vogel aus dem Schlag ist seinem Band entflogen,
Und hat in freyer Luft sein Bürgerrecht bezogen;
Die Maus, der um und um ist Gift geleget worden,
Daß sie so oft versucht und doch nie dran gestorben,
Ist glücklich aus dem Haus, wo sie sich oft verstrikt,
In ihrer Mutter Schooß mit einmal eingerückt.
Ein armer Debitor, den wegen Schuldenlast
Schon seit geraumer Zeit der Kerker eingefaßt,
Dem hat ein guter Herr die ganze Post bezahlt u. s. f.

Unterm 14. Aug. 1775. stiftet er einem seiner Landsleuthe, dem sel. Doktor Müller in der Somatten ein kurzes, aber sehr schönes Denkmal: "Was das für ein herrlicher Mann war"! sagt er: "Er hatte meinen Vater von mehr als "einer gefährlichen Krankheit, immer unentgeld= "lich curirt, und so vielleicht noch hundert andre "Landleuthe beyder Religionen. Eines Tags, "da er bey uns im Dreyschlatt war, und ich "ihm den Weg auf Krinau und Gurtberg zei= "gen mußte, gab er mir noch 15. Kr. zu Lohn. "Ein andermal begleitet' ich ihn einen ganzen "Tag hin und wieder zu seinen Patienten, denen "er, neben der Arzney, die vortreflichsten, lie= "bevollsten Ermahnungen gab, und unter die "Armen reichliche Allmosen ausgetheilt."

Um diese Zeit fieng B** zuerst an, aus jedem Buch das er las' kurze Auszüge von dem zu machen, was ihm besonders aufhebenswerth schien und meist auch seine unmaaßgebliche Bemerkungen darüber niederzuschreiben. So z. B. über Zimmermann von der Erfahrung, Tissot von den Krankheiten der Gelehrten und Reichen, Corn. Bontekoe kurze Abhandlung vom menschlichen Leben *), Ammanns Reisen ins gelobte Land, Khanen eydsgenößische Chronick, J. Reitz 2r. Historien wiedergeborner Christen **), die Briefe der Madame Güyot, Zirzels philosophischen Bauer und Kaufmann,

*) Wahrlich, wie es scheint, ein nicht unmerkwürdiges Buch, das schon i. J 1701. aus dem Holländischen ins Deutsche übersetzt, in drey Theilen ans Licht trat, und besonders über die moralischen Mittel, die Gesundheit zu bewahren, trefliche Vorschriften enthält.

) Unter denselben der berühmte Johann Luyken, der zu Jakob Böhms dunkeln Schriften so helle Kupfer geätzt. In B Auszügen aus dieser Reitzischen Starlecke fand' ich doch folgende schöne Verse:

Nicht Könige sind's die wir meynen,
Nicht immer Sklaven, die es scheinen.
  Man sieht viel Dinge unrecht an:
Ein Fürst ist — der sein Fleisch bezwingen,
Ein Sklave — der zu eiteln Dingen
  Die Lüste nicht beherrschen kann.

Scheuchzers Naturgeschichte des Schweitzerlands, Hottingers Eydsgenößische Reformationsgeschichte, Simmlers Urkunden zur Kirchengeschichte, Wilhelm Zepper von der christlichen Kirchenzucht, u. s. f. u. s. Natürlich alles conterbunt unter einander, wie es dem lieben Mann in die Hände kam. Und nun höre man einige seiner Urtheile: "An Scheuchzern gefiel "mir hauptsächlich seine überall hervorleuchtende "Hochachtung für die geringe und einfache Le= "bensart des Landmanns, und sein Eifer gegen "die einreissenden Laster und Mißbräuche in "Speis, Trank, Kleidern u. s. f. — Ein ähnli= "ches Vergnügen machte mir Hirzels Bauer. — "Beym Lesen von Hottinger dacht' ich oft: "Ach! wenn nur wir Reformirte nicht, gleich "unsern catholischen Brüdern (freylich auf eine "subtilere Art) ebenfalls meist allein an dem äus= "serlichen hiengen. Aber von jewelten her gieng es "so. Wenn ein Volk bisweilen auf den rechten "Weg geführt worden, ist es nie lang darauf "geblieben. Jetzt z. E. predigt alles von den "heitern Zeiten; man meynt, alles werde gesit= "teter und gescheuter, und unter diesem äusser= "lichen Deckel schläft das Christenthum ein. Das "Bücherlesen und Schreiben nimmt täglich über= "hand; jeder will es besser verstehen als der "andre, und alle Welt lehren, was er selbst

"nicht weißt, und noch weniger — thut. Be=
"scheidenheit ist heut zu Tag' nicht bloß eine sel=
"tene, sondern eine lächerliche Tugend, und die
"gute alte Einfalt — wie ich fürchte auf immer
"dahin. — Aus Zeppers altem Büchlin von der
"Kirchenzucht ersah' ich, wie die Welt seiner
"Zeit noch ein Mittel zur sittlichen Besserung
"treflich zu benutzen gewußt, das heut zu Tage
"so ganz vernachläßigt wird. — Von der
"Güyot Briefen wußt ich wohl, daß sie
"wenig mehr geachtet werden. Indessen denk'
"ich bey solchen Anläßen: Prüfet Alles, und
"das Gute behaltet! und nicht: Richtet alles,
"und verdammet was euch nicht ansteht!"

Von Zeit zu Zeit wandelte damals B** in
einer bangen Stunde, wo Nahrungssorgen ihn
drückten, die Lust im gebrannten Ernst an —
in Amerika sein Glück zu versuchen. Und nun,
was meynt der Leser, wer ihm alle derley Ge=
danken aus dem Sinne schlug? — "Samuel
"Luzens gewiß wenigen mehr bekannte Abschieds=
"rede an die nach Carolina abfahrenden Ber=
"ner=Oberländer, worinn er denselben ihre
"Lüsternheit so lebhaft vor Augen mahlt, und
"ihnen die Prüfung zur Pflicht macht, aus wel=
"chen Gründen sie Haus und Heimath verlassen
"wollen?"

* *

Fragmente aus dem Tagebuch.
1776.*)
Jenner.

1. „Der Neujahrstag, oder der erste Tag „im Jahr ist ein Tag voller Wünsche in aller „Welt. Da ist ein stetes Geplauder von lauter „Glück und Heil; aber selten ein Herzenswunsch, „außer denen, welche — ein jeder sich selbst, „und eben meist noch thörigt genug thut, da „solche selten mit der Natur übereinstimmen. „Aber wie fängt man das Jahr an? Man „wünscht sich und andern alles Heil, und richtet „oft schon an diesem ersten Tag' alles Unheil „an. Man wünscht sich ein freudenreiches Jahr, „und thut, als wenn alle Freude gleich in den „ersten Stunden desselben müsse verschwendet „seyn. Man wünscht sich Gesundheit, und nimmt „oft schon am Abend dieses ersten Tags Gift zu „sich, und thut als ob man einen ehernen Leib „hätte", u. s. f.

Februar.

Vergangenheit, Gegenwart und Zukunft.
20. Vergangen ist vergangen, die Gegenwart
mir nah'.

---

*) 176. S. 4°. in der Handschrift. Auch in diesem Tagebuch wimmelt alles von schlechten Versen. Aus den bessern geb' ich sofort einige Beyspiele.

XLI

Was soll ich mehr verlangen? Was mich vergnügt,
 ist da.
Soll ich auf Zukunft hoffen, daß es werd' besser gehn,
Und etwa mit den Storchen auf hohen Thürmen stehn?
Was längstens ist vergangen, weiß ich zum Glück
 nicht mehr;
Soll Zukunft ich verlangen, wer sagt mir die vorher?
Die Gegenwart ich wähle, die ist vor mich das beßt;
Auf Zukunft ich nicht zähle; auf Itzt halt ich
 mich vest.
Vergangen sey vergangen; bringt keinen Kum-
 mer mehr;
Dato sey mein Verlangen, Dato bringt Hoff-
 nung her.
So leb' ich recht zufrieden; was da ist, brauch ich mir,
Wie es der Himmel füget; mir ist nicht bang dafür.
Vergangen ist vergessen; was kömmt, in guter
 Hand;
Das Itzt mir angemessen, beneidenswerth mein Stand.
Dieß Itzt entzückt mich immer, und das kömmt
 immer her;
Und gieng' es etwa schlimmer, so grämt' ich mich
 nicht sehr, u. s. f.

20. Die Tropfen an den Bäumen redet er an:
Hat euch der rauhe Duft geboren? Kömmt ihr nicht
 aus den Wolken her;
Wie hängt ihr da? Seyt ihr verloren? Warum fließt
 ihr nicht auch ins Meer?
Mir ist, ich höre eines sagen: Dich zu vergnügen,
 häng' ich hier,

Daß ich nach rohen Wintertagen zuerst dir deine
Bäume zier'.
Eh' noch ein Grün, ein Bluft*) vorhanden, häng'
ich am braunen Aestgen da, u. s. f.

Merz.
Bey Anlaß der Osterfeyer.

7. „Gott zu dienen, Menschen! sagt mir,
„was heißt das? Ja, des Allmächtigen sein
„Vergnügen ist, uns zu dienen? Aber wie sollen
„wir ihm hinwieder dienen? Sollen wir uns
„schwarz kleiden, die weissen Mauern fleißig be=
„suchen, den Kopf hängen, und mit gezwungner
„Wärme einer kalten Rede die Ohren entgegen=
„spitzen? O des einfältigen Dienens! Was hab'
„ich, das er, der Alles hat, mir nicht giebt?
„Er dient mir mit lauter Geben! ich ihm nur
„mit Nehmen, und Lieben. Und was ist na=
„türlicher als dieß? Der Reiche giebt — der
„Arme liebt.

„Da behüte mich aber Gott, daß ich eine
„ächte würdige Fest = und Sabbatsfeyer nicht
„achten, ehren, und selber mit höchster Freude
„üben sollte!"

Aprill.

15. „Lange konnt' ich während meinem tu=
„multuarischen Jugendleben das reine Vergnü=

*) Blüthe.

„gen, und die hohen Freuden nicht fassen, das
„weise Männer und besonders grosse Dichter an
„den Werken der Natur, oder vielmehr ihres
„gütigen Urhebers, so schön beschrieben haben.
„Itzt, als ein Ausgeraseter, stimm' ich hinten
„drein; sitze so ruhig und heiter bey Hause,
„mittlerweile alles dem Osterjahrmarkt nachläuft,
„fröhlich bey den Meinigen, und gehe an diesem
„schönen Frühlingstage, nach vollbrachter mäßi=
„ger Arbeit, mit meinen Kinderchen auf eine
„nahe Wiese, die ersten Blümchen zu pflücken."

21. „So ist sie hin, diese angenehme, liebe
„Woche! Aber sie wird mir noch lange im An=
„denken bleiben. Meine Gesundheit war nicht
„so fest, und der Arbeit ziemlich viel. Aber
„was hinderte es, das Reizende der sich neu=
„schaffenden Natur zu empfinden? Die kleinen
„Pausen sind nur desto süsser; desto lieblicher
„die Strahlen der alles lebenden Sonne, die
„auch zu mir in meinen Webe=Keller drang!
„Mich, auch mich, hast du zu neuem Leben er=
„weckt. Grosses All! ich höre deine Stimme,
„deine mächtige Stimme in der ganzen Natur.
„In den Wolken hör' ich sie mit fürchterlichem—
„nein! mit entzückendem, die todte Erde er=
„schütterndem Rollen, alle ihre verborgenen
„Schönheiten hervorzutreiben. Wenn dann so
„an einem Morgen das Licht des Tags erscheint,

„der Thau noch auf den jungen Gräschen ruht;
„wenn unser enges Thälchen vom Jauchzen und
„Singen aller Bürger der Lüfte und Haine er-
„schallt; wenn so die Knospen der Bäume sich
„öffnen, und ihre holde Blüthe aufgeht, und
„jedem neuen Tag neue Wunder entsprießen,
„wem sollte nicht das Herz vor Wonne hüpfen! —
„Itzt geht die ganze Natur an ihr Tagewerk,
„und ich an das Meinige. Dann ruft mich nach
„dem bescheidenen Mal das sanfte Lispeln des
„Mittaglüftchens auf jenen Hügel, ein Weilchen
„auszuruhn; und mit neuer Munterkeit, kehr'
„ich wieder zu meiner Arbeit zurück, bis zu
„Untergang der Sonne. Dann spring' ich heraus,
„ihre letzten holden Blicke zu empfangen. Trau-
„riger Abschied, wenn es der letzte seyn sollte!
„Aber, nein! Morgens seh' ich euch wieder,
„geliebte Strahlen, und immer heller, und
„immer holder! O du Ausfluß des nie gesehe-
„nen Lichts des großen Alls! — — Aber noch
„lange fällt dein Schimmer in unser Thälchen,
„bis du keine Berge mehr beglänzest; und die
„Dämmerung winkt mir noch einmal hinaus u.s.f.

August.

Reiseliedchen.

4. Ein Pilger reist in einem Land
   Stets hin und her, meist unbekannt,

Oft als ein scheuer Pilger.
Und ihm begegnet allerley,
Oft Freud' oft Leid, oft mehr als zwey —
Doch geht, doch geht er seinen Weg und singt.
Oft denkt er: „Himmel! Wär' ich nur"
Wenn er betrachtet die Natur,
„So folgsam meinem Schöpfer,
„Bis daß er kömmt und ab mich pflückt,
„Und in ein besser Leben rückt."
Das Aug', das Aug' sieht schon das Thal hinauf.
So hüpft er hin, die Hand i:n Schooß,
Traut seinem Leiter sorgenlos,
Und ist in guten Händen;
Wallt über Klippen, Stock und Stein,
Bald in Gesellschaft, bald allein,
Getrost, getrost, und liebt sein Geschicke.
So reist er wohl und ist vergnügt;
Ihn freut nur was der Himmel fügt,
Und weißt doch nie das Ende.
Doch das verlangt er nicht zu sehn,
Und nicht sein Schicksal zu verstehn,
Voll Muth, voll Muth, und fröhlich bis ans Ende.

4. In einem Lied an die Rose — die ihm, noch weil er sie pflückt', mit dem schönsten offnen „Mündchen" entgegengelacht, dankt er dem Himmel für diese herrliche Blume — — — —

Wie meinst du es so gut.
Noch hast du keine jemals selbst genossen —
Nein! nur für mich, u. s. f.

Nun dann, so will ich deine Rosen pflücken,
  So lang sie blühen mir;
Die Zeit wird nur zu bald von hinnen rücken,
  So schnell eilt sie, und ich mit ihr.
Die Dornen mögen mich noch mehr verletzen,
  Die Rosen brech' ich ab.
Vergnügt seyn, mich an Wenigem ergetzen,
  Ist auch, o Himmel! deine Gab!

September.

Kirchweihgedanken.

22. „Der Mensch soll ein geselliges Thier seyn;
„aber er möchte wohl auch ein sehr gefräßiges
„heissen. Bey uns beweist es der heutige und
„viele andre Freßtage; aber doch hat der heutige
„das Prä. Wie gieng es diese Woche drauf
„los mit Mörden, mit Backen, mit Proviant
„herbeytragen, u. s. f. Auch der Aermste macht
„mehr Aufwand an dem heutigen Tag, als
„sonst in einer Woche. Wie viele Thiere werden
„heute von uns gefräßigen Thieren verzehrt —
„an die 20. Rinder und Schweine, wohl über
„30. Schaafe nur in unsrer Gemeinde! Der
„Mehlspeisen, Kuchen u. s. f. nicht zu gedenken.
„Grosser Gott, der du auf alle Tische siehest,
„was müßtest du denken, wenn du wie ein
„Mensch dächtest, u. s. f.

Ueber die Gleichheit und Ungleichheit der Menschen.

30. „Mächtiges Wesen, welch eine zahllose „Menge von Menschen hast du auf deine Erde „gesezt, die ein Schemmel deiner Füßen ist. Alle „kennst du; alle hast du einander gleichsehend „gemacht, und doch verschieden: Wie die Steine „am Bach, wo man unter Millionen nicht zwey „findet, die man nicht unterscheiden könnte, „und welche doch alle gleich — Bachsteine sind."

Und bey eben dieser Gelegenheit:
„Was bey manchem Herrn oft das gröste Ge= „nie genennet würde, heißt bey dem Bauer nur: „Er ist ein schlauer Fuchs, ein Spizkopf u. dgl.

Und noch an einer andern Stelle:
„Uebrigens hat der Schöpfer seine Gaben ge= „wiß unpartheyisch ausgespendet: Dem einen „giebt er viel Welt, dem andern viel Geld; „dem einen viel Gut, dem andern viel Muth; „dem einen giebt er's auf den Tisch, dem an= „dern in den Mund; dem einen an einem seide= „nen Beth, dem andern an einem ruhigen „Schlummer", u. s. f.

Oktober.

1. Von Zeit zu Zeit ließ B** sich — ich glaube aber nie um Geld, sondern bloß um gute Worte gebrauchen, Verse — in andrer Seele

zu schmieden. So lesen wir z. B. unter obigem Datum ein Dutzend dergleichen höchst herzbrechende im Namen eines Weißgerwergesells im Tockenburg an seinen Freund in Zürch, als derselbe Meister werden wollte, u. dgl.

2. Damals las er den Englischen Zuschauer. Ein Stück darinn weckte bey ihm allerley metaphysische Grillen über Leben, Tod und Unsterblichkeit. Z. B. „Himmel, Erde, Mond und „Sonne, Tag und Nacht sind ja noch immer, „was sie im Anfange waren; aber von so zahl„losen Millionen Menschen, die in so vielen „Jahrhunderten vor uns tumultuirten wie wir, „regt sich kein Haar mehr; und wir haben von „ihnen keinen Bericht. Daß sie zu Staub ver„modert sind, das wissen wir; von den Jüngst„verstorbnen sehen wir auf unsern Gottesäckern „noch die Knochen. — Aber die Geister? Könn„ten wir nicht Zeitungen von ihnen bekommen — „— von den Philosophen zumal, wenn sie noch „irgendwo vorhanden wären?

„Bald werden wir eben so stille zerfliessen, „wie der vorjährige Schnee. Nun! der ist zu „Wasser worden, und doch noch etwas. Recht! „und wir sollen zu Erde werden, und also auch „noch etwas seyn.

„Aber unser Geist? Ist der verloschen, wie „man ein Licht auslischet? Ja, das kann man
„wie=

„wieder anzünden; die Materie dazu ist immer
„vorhanden."

„So steckt dann die Seele in dem Moder des
„Leibs, wie ein Funke im Feuerstein? Aber,
„wer wird ihn wieder hervorlocken? Ich denke,
„der Odem des Allmächtigen.

„Oder ist sie in eine andre Welt, in einen
„andern Körper übergeflogen?

„Sagt mir's, ihr Herren Weisen; aber sagt
„mir keine Lügen. Sagt nur, was ihr wißt.
„Doch nein! sagt lieber nichts. Eure Muth=
„maaßungen kenn' ich schon lange. Ihr wißt
„so viel als ich, und ich weiß so viel als ihr.
„Der Allwissende weißt es, und der hat es
„euch — nie anders als mir gesagt."

5. „Heut gieng ich des Morgens früh auf=
„geräumt im dicken Nebel fort über alle Berge,
„meinem Berufe nach, der mich sonst so oft
„verdrüßlich macht. Als ich auf jene Höhe kam,
„welche entzückende Aussicht! Ueber mir ein
„spiegelheller Himmel, und die liebliche Sonne;
„unter mir ein Dunstmeer, in welchem unsre
„Berge die schönsten Inseln bildeten. Hie und
„da bäumten sich die Nebel wie stolze Wellen.
„Und wie war mir als ich noch ein Vögelchen
„singen hörte, so munter wie im Lenzen: O,
„dacht' ich, die Schönheiten dieses Herbsttages
„bezaubern gleich mir, auch dich, kleinen Sän=

„ger. Wie wohlthätig bestreicht ein sanfter West
„selbst diese hohen Reviere! Noch stehen aller=
„hand Blühmchen so schön auf dieser Weide
„da, wie im Sommer. Selbst Brombeeren,
„Erdbeeren u. s. f. pflück' ich ja nach Herzens=
„lust. Wunderbarer Schöpfer der Natur; Wie
„die Alpen noch so grün sind! Kein Flöckgen
„Schnee auf denselben. Nur hie und da ein
„Hügel fängt an roth und gelb zu werden —
„Wie das so entzückend ins Auge spielt! —
„Ach! ich kann meine Gedanken nicht ausdrü=
„cken. Kein König fühlt auf seinem Thron,
„was ich auf diesem Rasenhügel."

10. Versuchte B** nicht unfein etliche Stro=
phen aus Hallers Alpen nachzuahmen, und nach
seiner Weise zuzuschneiden.

11. Bey gewissem Anlaß: „Lieber! laß mich
„doch denken wie ich will, und wie es mir
„meine eigene Vernunft räth, so will ich dich
„auch gern denken lassen, wie es dir die deinige
„räth. Wenn die deine und meine gesund ist,
„desto besser — so werden sie einander wohl
„treffen. Ist deine oder meine ungesund, so ist
„sie's vor ihren Besitzer — warum sollt' ihn der
„andre drum hassen?"

Recht aufgeräumt.

12. Wie wohl ist mir in diesen Tagen!
So wohl — und weiß doch nicht warum?

Vielleicht, weil mich nicht Sorgen plagen;
  Weil ich gesund bin um und um?
Nein, nein! Ich könnte Kummer haben,
  Umstände giebt's genug dazu;
Könnt' mich im eignen Kreuz begraben,
  Und rufen: He! Tod, schaff' mir Ruh.
Könnt' mich um fremde Sünd' bekümmern,
  Daß man nicht lebet wie man soll;
Könnt' denken: Alles geht zu Trümmern —
  Das könnt' ich — und doch ist mir wohl!
Was ist's denn, Thor! möcht' man mich fragen:
  Woher entgeht dir doch dein Muth?
Ich weiß nicht, muß ich immer sagen,
  Und hoff', ihr haltet mir's zu gut!
Ein Knabe, der stets jauchzt und springet —
  Frägt ihn: Warum er also thut?
Weil ihn die liebe Freude bringet —
  Und grad, wie dem, ist mir zu Muth.
Vielleicht ist es des Himmels Gabe?
  Das denk' ich auch — drum ist mir wohl.
O ja! von dem ich Alles habe —
  Drum freu' ich mich auch, wie ich soll!
Wie kann der Himmel einen hassen,
  Der zuversichtlich auf ihn sieht?
Sollt' ich den Muth je sinken lassen,
  Da er mir ihn doch selbst verleiht?
Es traure also nach Belieben,
  Ein jeder welcher trauern mag;
Folg' seinen wainerlichen Trieben —
  Und wain' für mich den ganzen Tag.

Mein Schluß ist drum: So lang ich lebe,
 Vergnügt zu seyn und freudenvoll;
Und wenn ich einst von hinnen schwebe,
 So ist's mir — auch im Tod noch wohl!

14. „Itzt noch so grünes, anmuthiges Thäl=
„chen! Wie bald werd' ich mit dir — wie bald
„wirst du zu mir eine andre Sprache reden:
„Wenn itzt der Schnee von deinen Bergen
„stürmt, und stockfinstre Nebel um und um über
„dich herunterhängen; wenn du denn aussiehst
„wie ein scheußlicher alter Mann, der seine zür=
„nenden Augbraunen 'runterlitzt, und ganze Tag'
„und Nächte durch, nichts, als ein scheltendes
„Gemürmel von sich hören läßt."

Auf Weibliseck.

19. O hätt' ich meinen Sonnenhut,
 Wie wollt' ich Blühmchen pflücken!
Und hätt' ich aller Welt ihr Gut,
 Würd'st du mich doch entzücken!

O holder Hügel, sage mir,
 Woher kömmt diese Liebe,
Daß ich bin so gewogen dir
 Mit immer regem Triebe?

Ach ja! Ich bin dem Himmel nah'
 Auf deinem schönen Rücken.
O! könnt' ich immer bleiben da,
 Ich wollt' dich bauend schmücken.

Entzückte Aussicht — noch einmal,

Dieß Jahr vielleicht dann nimmer —
Und vielleicht gar das letztemal —
Ade! Ade! auf immer!

„Reitzende Aussicht, wunderschöne Höhe!
„Hoch, und doch keine Felsen; einsam und doch
„nicht wild; entfernt, und doch nahe bey den
„Leuthen; anmuthiger Rücken eines Bergs, und
„doch eine fruchtbare Ebene! Von dir seh' ich
„weit über das Thurgäu hinunter, und auf alle
„unsre Alpen hinauf; weit über den Bodensee
„hinaus, und Abendwerts bis auf die Glarner=
„Urner= und Schweitzer = Gebürge hinüber.
„Um eine solche Aussicht zu geniessen, besteigt man
„oft hohe Berge; und diese kann ich mit so
„kleiner Mühe und so grosser Lust ganz in der
„Nähe haben."

November.

5. Lob der Buchlaub = Erndte, dessen sich der geringe Landmann in der Schweitz statt der Federbetten bedient, und das ihm ein eben so angenehmes, und wohl mehr gesundes Lager gewähret.

Andern Ländern tragen Schaaren
    Gäns, am Leib, die Federn ein;
Da wir in die Wälder fahren,
    Soll uns Buchlaub lieber seyn, u. s. f.

Auch auf demselben, meint B** könne sich ein liebendes Paar küssen, und herzlich sagen:

Ich bin dein, und du bist mein!

Oder, wer ihm das nicht glauben will, soll nur die Erde auf= und niederlaufen, die glücklichen Ehen zählen,

Und ihm dann die Summa bringen, ob er ihrer mehr auf Flaum oder auf Laub gefunden?

30. „Wahrhaftig, es wäre nicht mehr gut,
„Mensch seyn, wenn man sich's wollte zu Sinn
„steigen lassen, allen Leuthen zu gefallen, und
„jedermanns Beyfall zu erhalten. Es müßte
„einer geschickter als — ein Hanswurst seyn,
„der doch so vielerley Gestalten annehmen, und
„sich jedem ähnlich machen kann. Darum aber,
„behüte der Himmel! daß ich die Freundschaft,
„die Achtung und das Zutrauen vieler guter
„Menschen nicht über alles schätzen sollte. Denn
„der Beyfall Gottes und eines rechtschaffnen
„Mannes wird wohl Eines seyn!"

Dezember.

1. Aus einem Winterliede:

Der Nord prellt an die Hinterthür,
   Und kömmt auch vornen zu;
Wo ich will 'naus, ist Schnez dafür *),
   Und drinnen wenig Ruh.

*) Solche Licenzen wird man einem Schweizerischen Bauerndichter wohl nicht zum Aergsten deuten.

Die Heerden schreckt der fremde Gast,
  Kein Mäuschen darf heraus;
Der kahle Baum streckt seinen Ast
  Erschrocknen Vögeln aus.

Das Bächlein dort, mein Labetrank,
  Ist scheuslich roh und hart;
Der graue Nebel macht mich krank,
  Mein warmes Blut erstarrt.

Die lange Nacht, das schwarze Bild
  Des Todes und der Gruft,
Macht mich so launigt und so wild;
  Mein Herz gleicht einer Kluft.

Der Ofen wärmt — doch, ach! er wärmt
  Melancholie im Kopf, u. s. f.

15. „Ungesuchtes Vergnügen überraschte mich
„gestern wieder, da ich auf jenen Hügel nach
„Holz gieng. Der angenehme Stand an einer
„sonnenreichen Halde *), über mir der blauge-
„wölbte Himmel! Wie die wohlthätigen Strah-
„len des grossen Lichts sich auf mich zudrängten,
„und der lieblich säuselnde Fön **), der das
„Glockengeläut weit aus dem Oberland her vor
„mein Ohr brachte! Dort das von Licht durch-
„blizte Wäldchen, und die bunt bemahlten Ge-

*) Halde: Schweizersches Provinzialwort für sanfte
  Anhöhe.
**) Südwind.

„büsche, in welchen noch Schaaren kleiner Vö-
„gelchen froh herumhüpften, und die grössern
„über meinem Haupte weg sich in die Höhe
„schwungen. O, daß ich nicht mit ihnen mich
„in den weichen Blättern herumtaumeln, und
„meine Stimme in ihre Lieder mischen konnte! —
„Dann zogen wieder andre Schönheiten das Aug
„herunter in unser in blauem Dunst ruhendes,
„von rauchenden Wassern durchschlängeltes Thal.
„Aber die jenseitigen im Schatten frierenden
„Anhöhen jagten den scheuen Blick bald zurück,
„und machten mir meinen jtzigen Standpunkt
„noch angenehmer. Selbst die schönen Buchen
„und Fichten rings um mich her, schienen das
„Glück zu empfinden, an dieser lieblichen Stelle
„zu stehn. Wie die Sonne so hold die Blätter
„der erstern aufrollte, und der lispelnde Süd
„so sanft durch die Nadeln der letztern spielte!
„Wie das leise Lüftgen dem Finkchen seine Fe-
„derchen sträubte, und meinen Athem so leicht
„machte. Ich möchte dir ein Liedchen singen,
„grosser Schöpfer der Natur! Aber ich denke:
„Dein Lob klinge besser aus der Kehle des klein-
„sten Waldsängers, als aus dem Mund eines
„Dichters wie ich bin!"

25. „Neue Weihnacht — aber sonst alles
„wie von Alters her! In der Kirche noch ziem-
„lich viele Communikanten bey diesem grimmi-

„gen Winterfrost, sonst in der alten Tracht,
„mit ihren gewöhnlichen andächtigen Mienen und
„Stellungen, ausser daß fast alles im Gesicht
„himmelblau, und vor Kälte klapperte; wel=
„ches der scheinbaren Andacht diesmal grossen
„Abbruch that. Auch in den Predigten immer
„der alte Ton; nur daß, wie's mich armen
„Layen dünkt, das Saftige und Warme immer
„mehr ausgemustert wird — und man zuletzt
„wohl gar nur die Geschichte liest."

* * *

Fragmente aus dem Tagebuch
1777. *)

Jenner.

1. Weil es heute muß gewünscht seyn, nun so will ich's eben auch thun. Ich wünsche also:

Daß der höchste Beherrscher Himmels und der Erde auch in diesem Jahr das Regiment über sich nehme, mit dem ich so wohl zufrieden bin, und es ja — keinem andern überlasse.

Ich wünsche: Daß er auch in diesem Jahr den Menschen den Erdball zu Lehen gebe, dar= auf zu schalten und zu walten nach ihrem Wil= len; damit — der Böse sich selbst schade, und der Fromme sein eigen Wohlseyn beföbere; daß er also ja keinen wider seinen Willen bekehre,

*) 64. S. in 4°. in der Handschrift.

wohl aber dem, der sich zu bekehren Lust hat, beystehe mit seiner Gnade.

Freude und Vergnügen wünsch' ich denen, welche wahres Vergnügen kennen, es in den Wegen und Werken des Höchsten finden, und desselben fähig sind.

Geduld endlich wünsch' ich denen, welche ihrer bedürfen, und die der Himmel grosser irdischer Leiden gewürdiget hat.

3. Heute mußt' ich im Schnee bis an die Ohren über die Berge waden, und hatte kaum Zeit, mit den armen Hasen Mitleid zu tragen, welche von hungrigen Hunden und närrischen Jägern verfolgt wurden. Mir schien meines Schwagers Schwein glücklicher zu seyn, das gestern — mit einem Stiche diesem fürchterlichen Frost entgieng.

4. Wer wollte sich heute hinaus wagen? Die warme Stube ist so angenehm. — Doch nein! Frisch auf! Deine langen Stelzenbeine werden nicht im Schnee stecken bleiben! Munter daran! arbeite dich durch, daß die Schweißtropfen trotz der Kälte dir über die Nase rollen — so dauet der Magen wacker, und die Ausdünstung geht besser von statten. Der Himmel segnet nur den Tapfern. Muß doch jedes Thier jtzt, so gut als im Sommer, seine Nahrung suchen; und welches sich am stärksten umthut, kriegt am meisten.

Aber freylich, schrecklich steht er da, der Hügel, der mich noch vor kurzem mit tausendfältiger Lust entzückte. Seine Stirne, wie kahl! Die Vögelchen, in den zu Boden gedrückten Gebüschen, wie sie schauern! Die Aussicht, wie einförmig! Alles Ein kaltes Weiß! Nur du, o Wässergen im Gehölze, schmeckst noch wie im Sommer! Aber du strudelst aus dem warmen Schooß der mütterlichen Erde hervor, und verkriechst dich wieder, eh' man die Hand wendet. Ja, thu' es nur, und verweile dich nicht auf der Oberfläche — sonst wird der Tyrann aus Norden auch dich in einen gräßlichen Klumpen verwandeln.

5. Wie wohl ruht sich's dann, wenn sich der Körper müde gemacht! Wie gut schmeckt das Brodt, das man sich mit Arbeit erworben! Wie süß thut's dem Vögelchen, das sich erst matt geflogen und gehüpft, sein Mäglein gefüllt, und nun in der Dämmerung sein Köpfgen in die Federchen steckt, und sich sorgenlos dem Schlummer überläßt. Morgens ist's ihm wieder ein Vergnügen, seiner Speise nachzuhüpfen, bey der ersten Tagesröthe sich auf Hecken und Büsche zu setzen, und die Beerchen zu pflücken, welche ihm die alles besorgende Güte für den Winter aufgespart. — O von dem Allem weiß der reiche Faullenzer nichts; die Welt ist zu arm

worden ihn zu vergnügen, da hingegen unser einem immer tausend bisher ungenossene Freuden aufbehalten bleiben.

Februar.

5. Um diese Zeit schrieb B** Beantwortungen zweyer Preißaufgaben der moralischen Gesellschaft zu L*** über den Aemterkauf und die Pfründverbesserungen.

10. Welch' ein Lerm in dem kleinen Städtchen L*** bey der heutigen Fastnacht! Heiliger Gott! Was muß dein Ohr, das alles auf einmal hört, da wohl hören! — Eine besonders wunderbare Ergetzlichkeit dünkt mich zumal die Schlittenfahrt: Rothe Augen, blaue Nasen, und schwarze Ohren nach Haus bringen — um den A. zu befriedigen! — Ja! sagt man: Aber es dient dem ganzen Körper zur Gesundheit? — Ey! so geht zu Fuß, das ist noch gesünder; und wenn es doch rollen und rasseln muß, so dürft ihr ja nur eine Schnur voll Schellen um die Hüften hängen. — Aber, der Mensch muß doch etwas zu seinem Vergnügen haben? — Nun, so fährt zu meinetwegen; aber, Gare! daß ihr nicht umschmeißt.

Merz.
Gespräch mit seinem Büchelgen.

18. Warum hast du mich so lange vergessen?

frägſt du, mein Büchelgen. — Ach! das weißt der Himmel, wo ich herumgeflattert bin, mein Herzensfreund! du reines weiſſes Papier, dem ich ſonſt alle mein Anliegen anvertraut. Allerley eitele Zerſtreuungen haben mir meine müßigen Stunden geraubt. Aber nun will, nun muß ich dir wieder einmal mein Herz ſchildern, und dir eine angſtvolle Woche klagen.

Büchelgen.

Komm nur, und vertrau' mir, was du willſt; ich bin verſchwiegen, und nehme alles an, ohne dir ein Wort einzureden, und ohne einem Menſchen davon auch nur eine Sylbe zu ſagen, wo du mich anders ſelber vor ihren Augen verhehlen willſt.

Ich.

Ach! das weiß ich wohl, mein Lieber! — Und zuletzt, wenn's alle Welt wüßte, es muß doch ſeyn! Wenigſtens magſt es meinen Kindern offenbaren, damit ſie eines Tags erfahren, in welch jammervollen Umſtänden ſich ihr Vater befunden, und daß ſie durch ſeinen Schaden klüger werden.

Büchelgen.

Nun, was iſt's denn? Entſchütte deine Bruſt; oder, wenn du's nicht kannſt, ſo trag' es mei=

netwegen, oder geh' zum Arzt, und laß dir von
dem ein Mittel verschreiben.

Ich.

Also auch du spottest meiner? Ach! Alles in
der Welt verbindet sich wider mich. Ja! Könnt'
ich einem Arzt, der nicht bloß der Leiber sondern
auch der Geister Gebrechen zu heilen weiß —
einem Zimmermann oder Zirzel — meine Noth
klagen — vielleicht — doch nein! Auch die würden sich mit mir armen Tropfen nicht abgeben
wollen. — Ach! die Luft ist dick, ich kann kaum
Athem schöpfen. Diese Welt ist mir zu eng.
Da schaff' ich mir dann eine neue in meinem Kopf,
und — Weh' mir! — wenn ich sie haschen will,
sind es nur Träume. Armer Werther! was
hat dich ums Leben gebracht? Ach! ich wollte
den Himmel zum Zeugen stellen, daß ich mehr
Ursache hätte, als du. Keine Lotte — nein
bey Leib keine Lotte, mein Büchelgen! —

Büchelgen.

Was du da für Zeug auf meine Stirne mahlst!
Doch ich denke, du bist nur in der Einbildung
krank. Da wird dir denn kein Arzt in der Welt
helfen können, wenn du's selber nicht kannst.

Ich.

Ja, ja, wenn ich's könnte.

Büchelgen.

Nun, um aller Welt willen, was ist's denn das dich quält?

Ich.

Noth, Armuth, Schulden sind's, von denen ich mich nun schon lange loszuwinden trachte — und immer tiefer hineingerathe. Die fürchterlichen Siebenzigerjahre — sieben Kindbethen — die immer anwachsenden unnützen Mäuler — ansteckende Krankheiten — o Weh' mir! Noch jtzt kostet mich mein beschränkter Haushalt an die 300. Gulden. Da muß alle Tage beynahe ein Gulden verdient seyn. Wie schwer für einen, der weder stehlen noch betriegen will! Wie sollt' ich da noch viel aus Abbezahlen denken dürfen. Und doch hat sich seit etlichen Jahren die Last um ein Paar hundert vermindert. — Aber das hilft nichts. Vor ungefähr acht Tagen hat mein stärkster Gläubiger mich entsetzlich angefahren, und mir denn eben diese bange Woche veranlaßt. O ich möchte laufen über Berg und Thal — —

Büchelgen.

Pfuy! Der Mann, der sich ehemals bey ganz andern Gelegenheiten als einen Held gezeigt, den sollten jtzt ein Paar ernsthafte Worte zur feigen Memme machen?

Ich.

Und sonderbar, wie das hergieng. Meintest du wohl, daß die Aufnahme in die Büchergesellschaft zu L*** auch nicht wenig dazu beygetragen, meinen Credit zu schmählern. Denn jene Herren sind allen Wissenschaften, die nicht geschwind ihre Procente eintragen, spinnenfeind; und die Weiber vielleicht noch mehr. Schon vorm Jahr drohte eine solche Frau Baase, mir den quästionirlichen Mann über die Haube zu richten. Und freylich hat mir mein Schreib= und Lesehang manche Stunde geraubt! Aber der Himmel weißt's, daß ich doch die mehrern derselben dem Schlaf entrissen, oder solche dazu angewandt, welche andre verhockt oder sonst vertändelt haben. Und wenn ich denn nur im Handel so scharf und genau seyn könnte, wie meine unerbittliche Treiber! Ach! Aber eben das ist mir unmöglich. Um so vieles werde ich durch meine Leichtigkeit und Leichtgläubigkeit betrogen! Und kurz, Alles, was Politick meines Handwerks heißt, ist und bleibt mir wohl auf ewig fremde.

Büchelgen.

Nun, hast den Sack bald ausgeleert? So wird's schon besser werden. Etwas mag freylich an der Sache seyn; und zwar, wie du selber sagst, zum Theil durch deine eigene Schuld. Aber im Ganzen, sind nicht deine Umstände immer die alten;

im=

immer dieselben, wie zu der Zeit, da du noch so tausend lustige Streiche spieltest; deinen Muth, deine Geistesstärke, dein felsenfestes Vertrauen auf die Vorsehung mit so tiefen Zügen mir auf den Rücken grubst. Ach! es ist nur Stolz und Verzärtelung, kein ernsthaftes Wort von einem Gläubiger vertragen zu können, und zu wähnen, es müsse so alles seine gerade Strasse gehn in dieser krummen Welt — —

Ich.

Alle derley schöne Sachen kann ich mir selber vorschwatzen, mein Büchelgen; und alle Tage hört man derley von jedem Prediger. Aber wenn's denn zum Treffen kömmt — wenn einer so dasitzt, wie der Vogel auf dem Zweig; wenn ein strenger Mann das Recht hat uns von Haus und Hof zu jagen, wie man die Immen ausjägt — wenn er seine Augbraunen runzelt, und sein Mund wie ein Wetter tobt! O es ist eine harte Nüsse, wenn einer einzig vom Wohlwollen seiner Mitmenschen leben muß. Doch — warum hab' ich mich in dieß Labyrinth gewagt? Warum — —

Büchelgen.

Ey so klag' denn fort bis genug — und bessere was du bessern kannst; und das übrige befehl' dem gütigen Himmel!

Ich.

Nun, es sey! So will ich es wieder einmal

von der Brust wegschleudern; mein Schicksal
geruhig erwarten, und wenigstens meine Ehre
behaupten, so lang' ich kann. Von dem Rücken
weg, ihr Hände! Fleiß, Geduld, Zufriedenheit
verlaßt mich nicht.

Aprill.

6. Ein Freund, welcher obiges Gespräch gelesen, meint: Mit mehr Fleiß, und Entschlossen-
heit, sich aller in seinen Beruf nicht einschlagen-
den fremden Beschäftigungen — der gelehrten
Possen zumal — gänzlich zu entschlagen, könnte
B** seine Sachen noch wohl in ein besseres
Gleis bringen. — Allein dieser will nun einmal
nichts davon hören, und sucht das Unschädliche,
und sogar Löbliche seiner Wissensbegierde mit
allen möglichen Waffen zu vertheidigen; und wo
es ihm an Gründen abgeht, stehen immer ein
Paar hübsche Floskeln zu Dienste. „Und wenn
„ich betteln gehn müßte", heißt es unter anderm,
„wollt' ich noch Geßners Idyllen mitnehmen,
„und mein Bleystift und ein Blatt Papier, und
„mich dort an einen Sonnen-Rain setzen, und
„meinem Herzen Luft machen", u. s. f.

Junius.

3. Neuerlich eräugnete sich — in der That
und Wahrheit — ein Kalenderspaß ohne seines
gleichen. Ein kleiner Handelsherr und grosser
Geizhals von W** gieng auf die Zurzacher-

messe. In einem Gasthofe nahe bey dem Flecken spiegelte er vor Bekannten und Unbekannten viel Gold; machte sich denn, als die Caravanne weiter gieng, in einem Holz auf die Seite, vergrub eine hübsche Summe, ritzte sich mit einem Messer am Kopf und an den Händen etliche Wunden auf, und behauptete, als er wieder zu seiner Gesellschaft kam, daß er von Räubern angegriffen worden, welche ihn dergestalt mißhandelt, und ihm sein Geld abgenommen hätten. Damit gedacht er, ihr und anderer Fieranten Mitleiden zu erregen, und sich eine hübsche Collekte zu sammeln. Allein, wie arg! — Nach wenigen Stunden ward ein Hirtenbube zu Zurzach eingebracht, welcher bekennte: Daß er und ein Kamerad von ihm ungefährer Weise dem verscharren des Geldes zugesehn, und es, sobald sich mein Handelsherr entfernt, wieder ausgegraben, über dem Theilen aber ebenfalls ertappt, und — Er zwar mit kren Händen eingefangen worden, der andre Gesell hingegen Mittel gefunden hätte — sich mit dem ganzen Schatz aus dem Staub zu machen.

5. Gestern macht' ich theils in Geschäften, theils zu meinem Vergnügen eine Tour über jene Berge, die unser Thal umzingeln, und besuchte bey dieser Gelegenheit unser vormaliges Gut Dreyschlatt, wo ich ehmals als Knabe so

glückliche schuldlose Tage verlebt; setzte mich wieder unter jene Bäume, die mich so oft beschattet hatten, und an den Bach, wo ich so manchmal mit den kleinen Fischgen spielte. O bis zu Thränen rührten mich die Gumpen, die dort mein lustiges Bad gewesen. Noch rollt das spiegelhelle Wasser, wie vor dreyssig Jahren, über die reine Platte herab. Junge Bäume, die ich vor acht und zwanzig Jahren gepflanzt, sind groß geworden; ältere sind abgehauen; andere haben noch ihr ehevoriges Aussehn. O Welt, was bist du? Hätt' ich doch, da ich als Knabe dieß Gut bauete, mein Glück erkannt! Aber erst in der weiten Welt mußt' ich's durch sein Widerspiel kennen lernen. O wie selig lebt der Mann auf jenen Gebürgen, wo Zufriedenheit wohnt; nichts weißt, nichts kennet als sie; wähnt, daß die Sonne hinter ihren Bergen herab, unter ihren Füssen durch, und vornen wieder herauf komme. O Thorheit und Einfalt, du bist doch immer am Beßten dran, in diesem Warrwar hienieden.

Dezember.

2. Warum kann ich doch des immerwährenden Schubdrückens nicht gewohnt werden? Vielleicht sag' ich's noch einmal — dem Schuster. Indessen tauscht' ich wahrlich auf den heutigen Tag nicht mit einem jeden; mit N. N. am allerwenigsten, der immer Schätze zusammen=

scharrt, mürrisch sich drauf setzet, und bellt, wenn er nur eine Fliege summen hört.

Fragmente aus dem Tagebuch
1778. *)
Jenner.

Worinn mögen denn auch eigentlich die Vorzüge bestehen, die der Mensch vor andern Thieren zum voraus hat?

Peter lacht sich halb todt über seinen Hund, wenn er auf der Jagd seine Luftsprünge macht, und so hitzig ist, daß er die Vögel von den Bäumen herunterbellen will. „Du dummer „Hund" (sagt er,) „weißt nicht, daß sie Flügel „haben"? — Und doch macht dieser Peter es eben so, indem er das Glück verfolgt, und mit seinem Lerm es wieder verjagt, wenn er's am leichtesten erhaschen könnte; so daß die Gegenstände seiner Wünsche weit höher ob ihm wegfliegen, als die Raben über seinem Hund.

Christen ist bitter bös auf eine seiner Kühe. „Die muß mir fort", (schreyt er) „und sollt „ich sie dem Schinder geben. Das T** Thier „will alle andern fressen, und jeden fetten „Grasplatz allein haben. Wenn sie dann auch „mehr Milch abwürfe wie diese! Aber die „Mähre legt alles an ihren Hintern." Und gerade so macht Christen es mit seinem Nächsten.

*) 110. S. in 4°. in der Handschrift.

und — was ebenfalls das Schlimmste ist — der Heuchler will noch ein Muster der Nachahmung für die ganze Gemeinde seyn.

Felix schüttelt den Kopf, verwünscht alle Hühner, und wird dir kein Ey essen. „Die „garstigen Thiere" (sagt er) „naschen in allem „Unrath, fressen Würmer und Ungeziefer." — Aber Worte — da ist keins zu unrein, das nicht auf seine Zunge kreucht; und wenn allenfalls ihre Quelle im Magen liegt, muß der viel schmutziger aussehn, als je ein Hühnermagen auf Erde.

Anne kann die Elstern nicht leiden, so wenig als Else die Katzen. Aber man frage ihre Männer!

Junius.

14. Als ich gestern hinter einem Gebüsche den Heuleuthen zusah, hört' ich einen Mann nahe bey mir, der mit sich selber sprach, wie auch ich es oft zu thun pflege, und mir, schon aus seiner Miene zu urtheilen, Trotz seiner Dürftigkeit recht vergnügt schien — „Den Vortheil", so murmelte er, „hab' ich doch, daß wenn ich „keinen Fuß breit an diesem schönen Erdball „besitze, ich denn dafür auch nicht so zappeln und „schwitzen muß, wenn ich nicht gern will; daß „ich da im kühlen Busche ruhig zusehen kann, „wie sie sich um das dürre Heu zanken; wie den

"Eigenthümern das Herz bey jeder vorbeyfah-
"renden Wolke klopft; wie die armen Taglöhner
"sich da zu Sklaven verkaufen, und um ein Nichts
"den ganzen langen Tag von Schweiß triefen.
"O auch mir ist's einst so sauer geworden, von
"drey Uhr Morgens an, bis zu Nacht da die Ster-
"nen am Himmel funkelten. Itzt kann ich doch
"etwas am Schatten verdienen; nicht viel mehr
"als damals, aber in der Stille. — Freylich
"hör' ich sie dort juchheyen und jauchzen. Aber
"ach! ich weiß es wohl, wie das Ding geht:
"Man geräth so in eine Hitze, wie die Soldaten
"in der Schlacht, daß man darüber das Sausen
"in den Knochen vergißt. Vater Adam! wie
"sauer wird deinen Söhnen das ihnen angeerbte
"Loos! Wie viel kostet das Bißchen Leben uns
"elenden Erdbewohnern! — Aber um ein Weil-
"chen, so sind wir nicht mehr da, und unser
"Denkmal ist ein auf dem Kirchhof mit dünnem
"Gras bewachsener brauner Erdhügel. Hochbe-
"rühmte in aller Welt gelobte Herren, denen
"Arbeits wegen nie kein Schweißtropfe von der
"Stirn' entfiel*), die mögen dann immer drü-
"ber hin stolpern, sich selbst zufrieden zuflüstern:
"Hier liegen doch lauter Bauernkälber! und
"weiter gehn", u. s. f.

* * *

*) So manche Reisebeschreiber durch die Schweiz.

Und hiemit beschließ' ich diese fragmentarischen Proben aus den neun ersten Tagebüchern unsers Verfassers. Ueberschlage dieselben immerhin, wer an dem Beschauen solcher aus dem Sande gewaschener einzeler Goldkörner keine Lust finden kann, und suche seine Unterhaltung erst in dem nun folgenden eigentlichen Texte, welcher ihm, wie ich sicher hoffen darf, schmackhafter Nahrung genug für Geist und Herz gewähren wird.

Zürch am 10. Maimonat 1792.

H. H. Füßli.

Tagebuch

vom Jahr

1779.

1. Jan.

Wie es heute stürmt und lermt, als wenn der ganze Himmel auf Erden herunterbrausen wollte! Eines so entsetzlichen Tobens der Elemente weiß ich mich kaum zu erinnern, wo man vor Schneegestöber keinen Schritt vor sich sieht, und bald nicht mehr erkennen kann, ob die Wände vor Wind oder Erdbeben zittern? Und doch, was fällt einem da am ersten ein, der bey solchem Wetter dem Tumult, aus der warmen Stube, durch sein Fenster noch so ziemlich gelassen zusehen kann? Was anders als gerührter Preis und Dank für den Vater der Menschen, der bald auch dem geringsten aus ihnen für Dach und Gemach so gütig gesorgt hat. Wie mögen itzt nicht ihre Nebengeschöpfe, die Thiere, draussen vor Furcht und Hunger beben! Wie viel besser als sie hast also du es nicht, begünstigter Erdensohn! Und doch quält jene keine ängstliche Sorge; sie harren unbekümmert bis es anders wird. Du hingegen bist immer voll fürwitziger Fragen. Da heißt's wohl hie und da: „Was nicht der heutige Neujahrstag „für ein schrecklicher Losungstag ist! Was mag doch „kommen — Wie wird das Jahr werden — Und „wie wird's gar über's Jahr stehen? Sind nicht „vielleicht die Elemente bald alt genug — Werden „sie sich nicht in einander verwirbeln, vermischen"? u. dgl. — O auch du, mein Herz, bist nicht ganz frey von diesem Gewunder! Wenn dir zuletzt auch noch einer drauf antworten könnte — Doch noch ist's die größte Frage — oder vielmehr keine Frage, ob's nur gut wäre? Oder ist's nicht vollkommen genug für mich, daß ich weiß: Daß es heute draussen stäubet und schneyt, und mir's drinnen, in meinem gutgeheitzten Stübchen, den Tag über bey meiner Arbeit so wohl ist; und, wenn's Abend wird nicht minder, bey meinem Pfeifgen dem Gedanken nachzuhängen, daß der, welcher am beßten wußte, warum er diesem Sturme zu roben gebot, ihm auch gewiß Schweigen gebieten kann und wird, und daß eben dieß Wesen auch mein Vater, Berather und Versorger ist! Also, mein Herz, wenn du dir je eine Frage vorlegen willst, so sey es diese: Wie du dich diesem grossen und guten Wesen gefällig machen und dankbar erzeigen kannst. Aber was will auch das ein Wurm — oder ein Mensch? Du bist ja das Wollen und Vollbringen — Anfang und Ende. — Alles in Allem — Gott — hochgelobt in Ewigkeit!

2. Jan.

Gesund seyn, froh Aufstehn und Niedergehn, sich allethalben von einer höchsten Weisheit und Güte umgeben fühlen, fröhlich seyn für sich, und liebend gegen andre — welch ein Glück! — Schon hat's wieder ausgestürmt. Alles ist mit Schnee überkleidet — und doch wie schön! Ich will mir auf dem Tabor dieser herrlichen Erde gewiß noch manche artige Hütte bau'n! Aber da gilt's freylich auch wieder tapfern Herumschickens von Pontius zum Pilatus. Nun, wir wollen sehen. Mittlerweile könnt's ja nicht besser stehn.

3. Jan.

Diesen Morgen hatt' ich einen Plan zu einem Liedchen im Kopf; dacht' aber: Es ist Sonntag; da muß ich zuerst in die Kirche, hernach einen gewissen Ehrenbesuch abstatten; und dann will ich an mein Gedichtgen. Als ich aber nach Haus kam — war mein ganzer hübscher Plan verflogen: Da mocht' ich lang an der Feder kauen, ich mußt' es bleiben lassen. Das Ausgehn in den frühen Morgenstunden zerstreut, macht das Gemüth unruhig, und den Kopf zum anhaltenden Nachdenken untüchtig. Willst du also ein recht Stück Geistesarbeit beginnen, so thu's an einem Tag, wo du fein bey Haus bleiben kannst. Experte credo, sagt der Schulmeister zu L...

4. Jan.

Ich halte, wenn ich mich nicht betrüge, sparsam Haus mit meiner Zeit. Ich achte jede Stunde für verloren, die ich verschlafe, ausser so viel ich zu Erholung meiner Kräfte durchaus nöthig habe. Das wären etwa sieben oder achte (denn unser einer bedarf doch deren mehr als einer der sich nie ermüdet): Auch die Zeit, die ich, nach meiner eigentlichen Arbeit, ohne Noth verhocke, und nichts lese, nichts schreibe, nichts denke: Item die, wo ich ein Buch lese, und darinn nichts zu meinem Frommen finde; oder wo ich in der Kirche sitze, und nichts zu meiner Erbauung höre. Die meiste Zeit bestimm' ich indessen meinen Berufsgeschäften, und nur die nächtlichen Stunden wiedm' ich meinen geringfügigen

Studien. Zwar kann ich unter der Handarbeit auch denken; aber meist doch nur halbdeutlich, oder gar konfus. Drey oder vier Stunden wöchentlich geb' ich einem Besuche, das mir eine herrliche Erfrischung ist, wenn ich's wohl treffe, und auf einen weisen, heitern und lieblich harmonirenden Freund stosse; denn sonst dauert mich freylich keine Zeit mehr, als die, wo ich sogenannten Wohlstands wegen zu eitelem Geplauder herhalten muß, und die Uranie weder gehen heissen, noch selber fortmarschiren darf.

5. Jan.

„Alle Zeit ist verloren". (sagt hingegen meine biedere Hausehre) „wo man nicht entweder arbeitet „oder betet, und zumal laut seinen Morgensegen, „ein Kapitel aus der Bibel, oder aus Arndts wah= „rem Christenthum liest. Fort mit dem Allerley= „lesen, fort mit dem Schreiben, fort mit den Be= „suchen! Was braucht ein armer Lümmel, wie du „bist, Uechel! des Zeugs, das nur für vornehme „Leuth' gehört, die Gelds genug haben, um Nichts „zu thun." Aber Zwölf Stunden im Bett liegen vom H. Abend bis zum H. Tag, das hält sie dann für einen recht zulässigen Zeitvertrieb. Item: „Eine „Viertelstunde beym Tisch, oder, wenn man sich's „recht wohl will schmecken lassen, eine halbe, ist „über und über genug", sagt sie; und das sag auch Ich; und sind wir sonst noch in vielen Dingen einig. Und überhaupt zeigt sich mein Weib immer wie sie ist; Ich hingegen kann besser simuliren, und treibe das Handwerk von Zeit zu Zeit.

6. Jan.

Edle Zufriedenheit! Kehre, o kehre doch wieder einmal vollends in meinen Busen zurück! Ich dachte, ein gewisser quälender Wunsch läge schon in den letzten Zügen; aber diesen Morgen hat er sich wieder stark gebäumt. Kann ich denn mein wirkliches Glück nie ruhig überdenken, ohne daß der Bursch sich regen muß? Und kann ich denn nicht, noch darüber hinaus, an der Verbesserung desselben arbeiten, und das Gedeihen still der Vorsehung anbefehlen. O Gott, dein guter Geist führe mich auf diese ebene Bahn!

7. Jan.

Obschon mir der Kopf vor Schmerzen verspringen will, ist doch mein Gemüth bis zum Wainen weich. Aber, munter, meine Seele! Noch hast du Kraft, es herauszudenken, wie oft schon Gottes Vaterhuld manchem erschrockenen Wandrer plötzlich wieder Muth und Stärke gab, und ihm entweder einen entzückenden Blick in die Zukunft öffnete, oder ihm seine nahe helfende Rechte den Weg mitten durch die Dunkelheit wies. Drohende Gefahren, unersteiglich scheinende Klippen, mit Dornen verwachsene Wege — alle diese hinüber und vorbey, das herrlichste Lustgefild und die schönste Strasse dem zitternden Pilger zu zeigen, ist deine eigene Freude, ewige Güte! So wie es hinwieder nicht selten der Plan deiner Weisheit erfodert, den frechen, auf seine Kräfte trotzenden Mann stolpern zu lassen, eh' er sich's versieht.

8. Jan.

„Viel Schalten, Walten, Handeln, macht unsern „Wandel schwer"! O wie ich schon so oft, und gerad' auch diese Stunde die Wahrheit dieses schönen Sprüchleins erfuhr! Wie mir heute meine vorhabenden Geschäfte so viel Denkens und Treibens verursachten! Selige Väter, wie glücklich waret ihr, nichts von alle dieser Mercerie zu wissen! Wie wohl war's euch, bey euerm Pflug, bey eurer Heerde! Doch mögt auch Ihr eure eigne Beschwerden gehabt haben; denn keinerley Beruf, und kein Zeitalter, wird wohl ganz frey davon gewesen seyn! Könnt' ich nur recht zufrieden seyn, so wär' gewiß dato die beßte Welt für mich; und mit meiner Organisation hätt' ich sicher in keine andre Welt besser gepaßt als in diese. In die Zeit z. E. wo man in der einen Hand das Schwerdt und in der andern den Pflug hielt, hätt' ich nicht getaugt; mein Herz wäre zu lind dafür. Dazu braucht's frechere Bursche als ich bin. Auch nicht in die Welt, wo man nur von Rübschnitzen und Zigermilch lebte. Auch nicht in die, wo man sich für einen Pfenning vollsaufen konnte; in jener hätt' ich die Auszehrung gekriegt, und in dieser den Magen verdorben. Nein, nein! Viel besser in dieser argen Welt, wo so viele Hände mit dem bequemen Baumwollengewerb ihr Brodt verdienen können. Besonders aber wäre mir jene alte abergläubische Welt übel angestanden. Da würden mich die vielen Ceremonien zu Tod gemartert, oder dann zum Narrn gemacht haben, der gar nichts ge-

glaubt

glaubt hätte. Also gewiß, die gerad itzige Welt ist die allerbeste für mich, in allen Theilen — ein rechter Ausbund von Welt! O! könnte man eine Beschreibung davon lesen, wie sie vielleicht einer nach zwey bis drey Jahrhunderten machen wird — man würde Wunder hören.

9. – 11. Jan.

Seit vorgestern schlendert' ich so zu L. herum; staunte alles an, gieng in manches Haus hinein, und beobachtete vieles. Allenthalben eine neue Scene. Hier raisonirte man über Hals und Kopf von Prozessen; dort laborirte einer im Schweiß seines Angesichts, um ein Lump zu werden. An einem dritten Ort sah' ich nichts als Spielen und Saufen; an einem vierten hört' ich nichts als Fluchen und Haseliren. Und so kam ich aus dieser sogenannten menschlichen Gesellschaft ganz wie betäubt nach Haus. Kein Wunder, wenn sich der selige Bruder Niklaus von Unterwalden in seinem Alter zum Einsiedler machte. Heut zu Tage hätt' er's schon in der Bubenhaut gethan. Das wäre — wie ich's itzt meyne — nebst meinen Büchern und Schreibzeug, auch für mich die rechte Lebensart.

12. – 18. Jan.

Man braucht dem Publikum nicht Alles auf die Nase zu binden.

18. Jan.

Vorgestern Abends ärgerte ich mich über Nichts; bloß weil mein Weib mehr plauderte als gewöhnlich, und andrer Leuthe Sachen hofmeistern wollte. Damit verderb' ich mir selber eine vergnügte Stunde, gieng verdrüßlich zu Bette, und stuhnd eben so wieder auf. Häufige Geschäfte machten mich noch unmuthiger. Unter bitterm Wortwechsel gieng ich von Hause — ärgerte mich, als ich kaum den Fuß über die Schwelle gesetzt, schon über meine Empfindlichkeit — und blieb denn doch den ganzen Tag über aus. Hunderterley Verrichtungen, die ich auf keine schicklichere Zeit hätte sparen können, zerstreuten mich; ein Mäßchen Wein gegen Abend machte mich wieder lustig, so daß ich, gestern Nachts, der grossen Kälte ungeachtet, so vergnügt zurückkam, und hinwieder von meiner Frau so wohl empfangen wurde, als ob wir nie bös gewesen. Und heute hatten wir vollends mit einander einen recht angenehmen Sonntag — troz dem unaufhörlichen Geläufe zur Stube aus und ein. Die innere Ruhe macht alles aus.

19. Jan.

Diesen Morgen plagt' ich mich abermals viel mit spanischen Schlössern, und — dachte dann freylich des Abends — zu späthe: Ich sey ein Narr!

20. u. 21. Jan.

Gestern gieng's auf Herisau, und heute wieder heim. Mit meinen Handelsgeschäften war ich recht gut zufrieden; aber mit meinem moralischen Verhalten nur so halb und halb. Im Hinwege hatt' ich zuerst einen Camerad, mit dem ich von lauter Staats- und Kriegssachen raisonniren mußte, und der die ganze Zukunft kennen wollte; dann einen Brodträger, der mir von eitel Kernen und Roggen schwazte, und

über die schweren Zeiten jammerte; endlich einen
rothen Jungen, der mich über eine halbe Stunde
von seinem Schlitten unterhielt, wie gut und stark,
wie treflich er mit Eisen beschlagen sey, u. s. f.
Dieser war mir noch der liebste, denn er schien doch
zufrieden. Aber mich selber schalt ich dabey über
meinen allzugrossen Eckel im Umgange. Freylich hätt'
ich bey hellem Himmel und besserer Witterung meinen
Weg am allerliebsten allein über die schönen Berge
gemacht. — In Herisau waren meine Verrichtungen
bald gethan. Dort übernacht zu bleiben — sagt' ich
mir — ist zu langweilig; ich nahm also gegen Abend
den Weg wieder unter die Füsse; und das ist vielleicht nicht mein Schlimmstes, daß mir nirgends
recht wohl ist, als wenn ich daheim bey den Meinigen bin? Indessen vergaß ich mich noch immer
nur gar zu gerne an jedem schönen lebendigen und
leblosen Gegenstande. Nun der letztern wegen hätt's
freylich keine Noth. Aber mit den wandelnden
Schönheiten — o wie bald regen sich sträfliche Gelüste da! Und welch ein schweres Stück Arbeit ist's,
wenn man die erwürgen, und alle Sinnen und Glieder hübsch im Zaum halten will. — Doch, ich will
es nur bekennen — es war abermals ein elender
Selbstbetrug, daß ich zu Herisau, wo ich immer
genug zu schaffen weiß, übernacht Langeweil haben
sollte. Mein armes Herz wünschte nämlich lieber,
das Nachtquartier auf jener anmuthigen Höhe bey **
zu nehmen; aber der Schelmenstuck ist ihm nicht gelungen. Leicht kam ich zwar nicht, aber doch endlich

durch. Und kurz, ich sollt's einmal merken, daß ich an fremden Orten in jeder Rücksicht ein Esel, und nur daheim, im Nest, ein wenig gescheuter bin, obschon's auch da bisweilen Stolperus genug absetzt.

22. Jan.

Hieher, alter Adam! (heißt es dann, wenn ich so von einem kleinen Reischen nach Haus komme) Da setz' dich, und schwitz' die Tropfen die dir vorgezählt sind, und bereite ihr Brodt den armen Geschöpfen, von deren Daseyn du die Schuld trägst. — Aber ach! so viel Geschäfte, und das ewige Gelärm macht einen so verdrießlich, daß man aus der Haut fahren mögte. — Mag seyn, das sind Steine in der Strasse. Doch, frisch gewagt, es braucht nur wackre Sprünge drüber hin! Von Zeit zu Zeit giebt's auch wieder ein anmuthiges Stückgen Wegs, eine blumigte Wiese — und mittlerweile geht's doch immer nach der Heimath.

23. Jan.

Heute gieng mir wieder alles conträr, oder vielmehr ärgert' ich mich über jede Kleinigkeit, u. s. f.

24. Jan.

Woher es doch kommen mag, daß uns bisweilen ein Tag lang alles so widerlich ist, und uns alles unruhig machen und erzürnen kann? Es ist wahrlich eine rechte Krankheit. Ich wollte aber lieber jede andre, wenn ich dabey zufrieden und gelassen seyn könnte. Mich nimmt's nicht mehr Wunder, wenn einer, falls ihn nicht die Gnade Gottes erhält, sich schon an solchen Tagen eine Kugel durch den

Kopf schießt! Wenigstens muß es einem, dem es so vor der ganzen Welt eckelt, recht wohl thun, wenn er sich gleichsam auf den Tod herumbalgen und beissen kann. Aehnliches hab' ich leider selbst schon mehrmals erfahren, und eben gerade gestern. Aber, curios! daß einem zu einer andern Zeit auch alles queer über den Weg kommen ka n, ohne daß es ihn so sehr angreift — kurz, daß man bisweilen grosse Brocken verdauen kann, und bisweilen gar nichts? Wie und woher kömmt das? Ich denke eben, weil man sein Herz nicht genau bewacht, und sich nicht auf alle Fälle gefaßt gemacht hat. Aber, ich merke wohl, das ist noch nicht viel gesagt. Oft wenn man glaubt, recht vest und stark postirt zu seyn, wird einem die Hauptwache übern Haufen geworfen; und giebt es eben der Fällen viele, woran man nicht gedacht, und nicht dran denken konnte. Doch meinetwegen entscheide das Problem wer will; genug, itzt ist's mir wieder recht wohl; und die gestrigen Kleinigkeiten kämen heute gewiß zu spath, wie sie gestern — vielleicht nur um einen Tag zu früh' gekommen sind.

25. Jan.

Potztausend! Heute würden nicht nur kleine, sondern auch grössere Widerwärtigkeiten an mir ihren Mann finden!

26. Jan.

Nachtgedanken.

O der schönen spiegelhellen Nacht! Wie alles vor mir im Mondglanze schwimmt — Wie es oben funkostt! Meine Gedanken erheben sich zwischen den Millionen blendender Leuchtern empor zu dem, der sie an dem majestätischen Blau dieses unermeßlichen Gewölbes aufgesteckt, wenn gleich mein Aug keinen Strahl von ihrem Licht ertragen könnte! O des schneidenden Frosts, der mir's wehrt, mich dort auf den blendenden Hügel zu pflanzen, und alles herauszudenken, was so stark und tief in meiner Seele liegt. Diesen ganzen Monath durch sah' ich dich, prachtvoller Himmel! Aber so hast du mich nie gerührt, wie in dieser Wonnestunde. Ist's vielleicht, daß ich mir ruhiger, als lange nie, bewußt bin, mein heutiges Tagewerk recht nützlich vollbracht zu haben? O wie wohl, wie wohl ist's mir, in dieser stillen Hütte! Wie wenig möcht' ich mit den tumultuirenden Gesellen tauschen, die mich diesen Abend auch zu einem Nachtbanket ins Städtchen einluden. Mögen sie sich immer lustig machen, wie man zu reden pflegt — so süß schlafen sie gewiß nicht, wie ich; und Morgens — o ich kenne die Tücke des Weins, und die nächsten Verwandten solcher Schmäuse: Jene unausstehliche Uebelkeiten, jenen schwindlichten Kopf (*), u. s. f.

27. Jan.

Morgengedanken.

Holder Morgen, wie lieblich blickst du mir, nach einem kurzen erquickenden Schlummer, hinter den

(*) Hier folgen noch etliche Züge, welche freylich in einem niederländischen Nachtstücke — aber kaum in dem unsrigen, ihre treffliche Wirkung nicht verfehlen könnten...

Hügeln hervor! — Ein beeister Berggipfel im
Schimmer der Morgenröthe, ein beschneyter Baum
im Sonnenglanz, gehört gewiß auch zu den schönsten
deiner zahllosen Reitze, o Natur! Neuer Tag, wie
strömst du neues Leben in alle meine Glieder, neue
selige Empfindungen in mein Herz, neuen Muth in
meine Brust! O wie fühl' ich mich neuentschlossen,
wie du deine unermeßliche Straße läufst, grosses
Licht der Welt! auch meine beschränkte zu wandeln;
alle Schwierigkeiten, wo ich's immer vermag gelind
abzuweisen, oder, wo's nicht anders seyn kann, tapfer
auf die Seite zu schleudern; gegen alle unzufriedne
Gedanken, gegen jedes anziehende Wort, gegen jede
verzögernde Zerstreuung, gegen alles verwirrende
Gelerm unerschrocken vor die Fronte zu stehn; fort-
zueilen, immer auf das vorgesteckte Ziel zu sehn —
aber auch darüber keinen Augenblick zu versäumen.
Frisch von der Hand weg also, mit deiner Berufsarbeit, Ulrich! Flink von einem zum andern —
jedes so gut du's kannst. — Der Himmel — dieser
schöne Tag, will Zeuge von deinem Verhalten seyn.
Oder, sagt mir, Lehrer göttlicher und menschlicher
Weisheit! welches sollte sonst meine Laufbahn seyn?
Was anders heißt vor Mich, streiten und kämpfen?
Welches sind sonst meine Feinde, und welches die
Siege, die Ich zu erringen habe? — Doch nein,
ihr könntet mich in ein Labirinth verwickeln! Besser
also, meine bisherige Straße fortzuziehn. — Die
Abentheu'r werden schon dastehn, und meiner war-
ten — und jeder Tag seine eigenen haben.

28. Jan.

Noch ist's mir wie gestern: Tapfer daran, ist halb gethan! Heute hab' ich mit Wirpfenmachen ein grösseres Tagewerk vollbracht, als ich mir vorgenommen. Auch fanden sich keine Grillen ein; denn diese Vögel fliehen den eifrigen Arbeiter. Inzwischen merk' ichs wohl, man kann's auch übertreiben, bis man zuletzt beissig und schnippisch wird; und wirklich wär's mir gegen Abend bald über den Bündel gekommen.

29. Jan.

Aber so geht's dann. Ganz marode von einer allzustrengen Arbeit, streckt man seine Glieder hin, und schläft wie ein Klotz bis am Morgen. Dann steht man mit einem tauben ungeschickten Kopf auf, und versäumt heute wieder, was man gestern zu gut gemacht. Vom recht Beten ist an solchen Tagen nur gar nicht die Rede. Ich bin kein Langbeter, vielleicht gar kein Beter nach allgemeinen Begriffen. Aber doch ist der Himmel Zeuge von den tausend Seufzern meiner Brust, die von Menschen ungehört zu ihm aufsteigen, so oft ich auf meiner Bahn wieder den Stein, das Plätzgen betrete, wo ich vor kürzerer oder längerer Zeit gestolpert bin; wo ich irgend einer Leidenschaft, irgend einem schädlichen Gelust gefröhnt. Dann fällt mir, wenn ich gebeugt genug bin, das grosse Wort Vater! ein — weil ich weiß, was ein Vater thun kann, und thut. Dann wird's wieder hell in meinem Kopf, und weit in meinem Busen. Aber eben auch zu dieser lieblichen und so leichten

Andacht fand ich mich heute durchaus nicht aufgelegt. O du goldne Mittelstrasse, köstlicher Schatz, wie schwer findet, und wie bald wieder verliert man dich!

30. Jan.

Heut' Morgens früh', noch vor Tag, gieng ich nach G... Es war grimmig frisch; aber dennoch schlenderte ich mit grossem Vergnügen auf der schönen gebahnten Schlittstrasse fort. Zuerst dacht' ich meinen heutigen Geschäften nach; damit war ich bald fertig. Was sollt' ich nun anfangen? Um nicht ganz müssig zu gehn — baut' ich spanische Luftschlösser, hie eins und dort eins. In einem (curios! grad' in dem ersten) hatt' ich eine gekaufte Möhrin, ein herzig artiges Närchen. Im zweyten sonst eine scharmante Tugendheldin, mit Zubehörde — einem nimmer lären Seckel Louisd'or. Im dritten war ich ein Kaufmann, reiste lange Jahre in allen vier Welttheilen herum, bestand auf Meeren und Sandwüsten die fürchterlichsten Ebentheuer, gewann aber dabey Millionen; und was mir noch lieber war, als ich nach allen diesen Strapatzen nach Hause kam, sah' ich wieder einem zwanzigjährigen Jüngling gleich. Meine alten halbrostigen Zähne hatt' ich verloren, und es wuchsen mir wieder schneeweisse junge. Die grauen Härchen waren mir alle ausgefallen; ich hatte Locken wie der artige Pastor G. Itzt bezahlt' ich alle Schulden; und denen, die mir schuldig waren, ließ ich alles nach. Meine armen Verwandten macht' ich vollkommen so glücklich wie's in den Romanen steht. Im vierten Schloß starb meine Frau. Ich heurathete eine deutsche Poetin. Ihretwegen legt' ich auf einem anmuthigen Hügel ein schönes Gebäud' mit herrlichen Gärten an, und lebte da mit ihr paradiesische Tage. Im fünften neigte ich mich wieder in Gnaden zu den untern Ständen, und ward ein reicher Bauer. Da fehlte nie weder Heu noch Kornerndte; mir wurden alle Stieren feißt. Dieß Jahr stieß ich beym Ackern auf einen schönen Marmorbruch, ein andermal auf eine warme Quelle: diese mußte mir herausgeleitet, und ein gerdumiges Badhaus u. s. f. gebaut seyn. Ich ließ das Ding in den Zeitungen bekannt machen, und bekam bald einen grossen Zulauf; es ward nach wenig Jahren einer der berühmtesten Gesundbrunnen in ganz Europa. Sapperlot! die vornehmsten Herren und schönsten Damen aus Deutsch- und Welschen Landen, daß es eine tausige Lust war. Im sechsten war ich zwar überhaupt der alte Ulrich; doch avancierte ich so vom Kleinen an, wie das Weib mit dem Kratten voll Eyer, bis ich so glücklich war, wie ich's im Ernst zu seyn wünschte. So kam ich unvermerkt nach G. stolperte in Gedanken über einen Stein, und Patsch! auch meine Eyer brachen. Ganz verwirrt, klopft' ich an der unrechten Hausthür' an; man öffnete mir — und schon war ich in eine Stube getreten, wo eine Frau unter den Händen andrer Weiber arbeitete, einen jungen Weltbürger auf die Beine zu stellen. Vor Schrecken über diesen unerwarteten Anblick erwacht' ich endlich aus meinen

Träumen — und war noch sehr vergnügt, mit dem Loose davon zu kommen, welches wirklich das meinige ist, und womit ich jtzt zufriedener war als je. Indessen bereuete ich, die Wahrheit zu gestehen, auch meine vorigen Phantasien nicht; und ich konnte mich, des, meinetwegen stockdummen Gedankens in diesem Augenblick nicht erwehren: Mahomet war doch auch kein Narr, als er für seine Türken einen Himmel schuf, den sie begreifen konnten. — Im Wirthshaus traf ich eine entsetzliche Menschengestalt von Kerl an; sein Gesicht und seine Tatzen waren ungefehr so glatt und so weiß wie Rothtannenrinde, und aus seinen Reden merkte man bald, daß seine inwendigen Theile nicht feiner seyn mochten. Blitz, Hagel, Stral, Teufel und Hexen waren sein anderes Wort. Dabey zog er sein Fratzenmaul so in eine bedeutende Breite, daß es ein Grausen war. Ich machte meine Geschäfte so geschwind ich konnte, und eilte wieder ins Freye der lieben Heimath zu. Itzt denk' ich noch vor Schlafengehn allem so nach. O wie wohl ist's mir zwischen diesen vier Wänden — und der guten Eule, die ich dort im Wald jauchzen höre, in ihrem warmen Gefieder, hoff' ich, nicht minder.

Der letzte Januar.

Ich habe mein Geschreib des ersten Monaths in diesem Jahr überlesen. Welch ein Wirrwarr schon in der kurzen Zeit; und noch nicht der zwanzigste Theil dessen was ich gethan, und nicht der tausendste meiner Gedanken! Schaden bringen wird diese Arbeit gewiß nicht; nützen kann sie vielleicht. Ich will sie also fortsetzen. Wenn ich mich darinn unpartheyisch gerichtet, und mir doch nicht alles zum Verbrechen gemacht, so denk' ich — man dürfe bisweilen auch mit sich selbst zufrieden seyn; freylich aber war ich's wenigstens noch viel besser mit allem andern rund um mich her, in der physischen und sittlichen Natur. Und welches mannigfaltige erhabene Vergnügen hat mir nicht besonders diesen Monath die schöne Witterung gemacht! Tag für Tag, zwar eine beissend kalte, aber heitre, leichte Luft, die ein Wohlbehagen durch mein ganzes Wesen verbreitete. Ich hätte mögen droben in den Bergen wohnen, weil's dort immer etwas wärmer, und doch dabey die Athmosphäre noch reiner und gesunder ist. Und Gott! Du weißt's, wie oft mein Denken über dieselbe hinauf noch höher gedrungen; wie mein Herz wallte und brannte, dich, unendliches All! zu erkennen, aber keinen Begriff von dir zu fassen vermochte, als den ich aus deinen Werken entlehnen mußte! Wie ich mich da an deinem majestätischen Aether, und an den wunderschönen Himmelskörpern labte, die uns an so hellen Wintertagen und Nächten noch viel näher und reitzender scheinen: Wie ich, nicht achtend des grimmig pfeifenden Frosts, täglich hinausgieng, mich an seinen wunderbaren Geburten, von ungeheurer Grösse, zu ergötzen; an den fürchterlichen Schlössern, Thürmen, Gewölbern, Wänden und Brücken von Eis — und hinwieder an den zahllosen Bildchen, Sternchen, Salzen, u. s. f. von unbeschreiblicher Zartheit! Wahrlich die Kälte muß ein schaffendes Wesen seyn, gleich der Wärme; beyde verkündigen deine Macht, grosser Schöpfer! Und ich, dein Geschöpf, bewundre im Staub alle deine Werke, und werde sie ewig bewundern!

1. Febr.

Ha! Wie es mir des Abends so wohl thut, wenn ich den Tag über meinem Beruf recht vorgestanden, und niemand nichts zu Leid gethan, sondern vielmehr meinen Nebenmenschen so im Kleinen, wie's unser einer kann, ein Bißchen genützt habe! Indessen find' ich bey genauer Prüfung fast allemal, daß ich von der Welt mehr genossen, als sie von mir. Doch, ich denke: Es müsse eben geniessen wer's kann! „Und so war's immer", sagte heut' ein junger Appenzeller, den ich mit andern seinen Landsleuthen in P. M. Schenke fand: „Die einten schütteln „Birn, die andern lesen's auf"! — „Nein, nein"! sprach ein anderer älterer Mann, „so war's doch „noch nie! Alles, alles ist schlimmer, und fast gar „nicht mehr zu leben auf einer solchen Welt"! — „Hm"! versetzte ein dritter, auch kein Haase mehr: „Gerade so — es ist mein fernstes Denken — ha„sellirte einst mein achtzigjähriger Großvater über „das Verderben seiner Zeit, und daß man die Bärt' „abscheere, Dötzelschuh trage, und hingegen die „Plumphosen abgehen lasse." — „Ich weiß was, „ihr Herren!" fiel ein Vierter ein: „Wenn's nicht „mehr zu erleiden ist — wird's auch bald aus seyn; „aber ich denke doch, die Nachkommen werden wie„der reden wie wir, und besonders, gleich uns, „jedes Ding machen, wie's ihnen gut dünkt." — „Aber, nein, nein"! fuhr der Zweyte wieder fort: „Wenn nur das entsetzliche Seuden und Verschwen„den nicht wäre"! — „Ha, ha, ha"! erwiederte

Hans Lusti: „Man hat zu allen Zeiten so viel „Milch verschluckt als die Kuh gegeben, und auf„geessen was Gottes Erdboden trug; und so wird's „gehen, so lang man's macht — wie's schon Adam „und Eva gemacht haben." „Je"! mischte sich izt ein Fünfter ins Gespräche: „Aber sollt's nicht wahr „seyn, was mir oft meine Großmutter sagt, daß „vor Zeiten eine Kuh mehr Milch an Einem Strich „gegeben, als izt an allen Vieren, und dagegen „der Leuthe um die Hälfte weniger waren. Da „müßte einer ein dummer Teufel seyn, wenn er „nicht nachrechnen könnte, warum izt alles so theuer „ist"! — „Nein, nein"! fieng mein Eiferer wieder an: „Der alte Großvater hatte doch recht: Man „hätte die Plumphosen und andre gute alte Sachen „nicht sollen" — „Ich schmeiß dir in deine Plump„hosen"! rief izt ein sechster aus einer Ecke: „Das vertrackte Baumwollenspinnen ist die Wurzel „alles Bösen", u. s. f. — Es setzte noch viele hitzige Wortwechsel ab. Einiche kamen gar tief in den Text hinein, aber darum nichts desto gründlicher. Und gerade so gieng's auch mir, der am End aus dieser langen Disputatz nichts viel besseres entnehmen konnte, als daß es von je Welten her — zufriedne und unzufriedne Menschen müsse gegeben haben. Noch saß ein angesehener Mann am Tisch, aus dessen Stirnrunzeln ich wohl gewahren mochte, daß er sich über uns andre kleine Geister weit erhaben hielt, und aus seiner höhern Sphäre auf uns wie auf Heuströffel herabsah; dann aber, sobald nur ein Weibsbild ins Zimmer kam, merkt' ich, daß er doch noch Körper und Sinnen hatte wie wir. Sobald die Dunkelheit anbrach, begab ich mich ohne Abschied zu nehmen, auf meinen Heimweg. Damals, und zum Theil heutigen Tages noch, kenn' ich kaum ein grösseres Vergnügen, als sich so an einer schönen Nacht aus einer tumultuirenden Gesellschaft wegzuschleichen, und, den lachenden Mond über seinem Haupte wallend, ruhig nach Haus zu schlentern.

2. Febr.

Ich habe schon oft nachgedacht, und bin doch noch nicht eins mit mir selbst: Ob's mir so sehr zur Sünde könne gemacht werden, wenn ich mich alle Wochen ein Paar Abendstunden meiner Arbeit, und dem Hausgelärm entziehe, und bey einem guten Herrn und Freund in Ruhe ein Pfeifchen schmauche? Ist's doch eine so unschuldige und angenehme Erholung, und zugleich — denn warum sollt' ich dieß verbergen — eine besondre Ehre für mich, daß ich als ein plumper grober Bauer auch bey Personen über meinem Stand recht wohl gelitten bin. Aber eben aus diesem letztern Punkt machen mir viele ein Verbrechen, deuten mir's vor Unverschämtheit, Ehrsucht, und was weiß ich alles, aus. Leuthe meinesgleichen sehen mich deswegen mit scheelen, mißtrauischen Blicken an, und kehren mir den Rücken, wenn ich mit Mund und Herz ihnen noch so gut seyn möchte. Andre verfolgen mich mit stillschweigendem Hohnlächeln, oder gar mit allerley bittern Stichelreden, die auf nichts geringeres als

auf

auf Vorwürfe von Ohrenblasen, Schmarotzen, Herrenschmecken, u. dgl. hinauszielen. Die's noch am Beßten mit mir meynen, warnen mich mit einer Miene voll Ernst und Mitleidens, und sagen: „Sie „möchten sich nicht, wie ich, von Grössern vor'n „Narrn halten lassen; solche Herren lachen einen „hinterrucks den Buckel voll aus", u. dgl. Nun 's mag seyn. Aber ich denke, auch in einer Cotterie von Bettlern würd' mir niemand Bürge für die Ehrlichkeit aller ihrer Mitglieder seyn. Und kurz, es ist eine schlimme Sache: Wo ich von niemand nichts lernen und andre nichts lehren kann — oder, wo ich's auch könnte, man nur das Gespött mit mir triebe — wo's also nichts als ein elendes Alltagsgeplauder absetzt, da ist's mir unausstehlich. „Nun, „so bleib' eben daheim"! sagen mir andre: „Da „hast du ja Gesellschafts genug bey Weib, Kindern „und Gesinde"! Ganz gut, meine Herren! Auch hab' ich da niemals Langeweile, so lang ich arbeiten mag; nur für's Müßiggehn, braucht' es, ich kann nun einmal nichts dafür, mehrere Ruh und Stille, als ich in dem Gelerm meines Hauses, die frühen Morgen und späthen Nächte ausgenommen, nicht finden kann. O die einsamen Stunden, wo ich an einer hellen Sternennacht den blinkenden Orion begucken, oder in meinem Hermes lesen, oder einen kräftigen Gedanken, eine innige Empfindung aufs Papier werfen kann — die wollt' ich gewiß mit keiner Gesellschaft der gottseligsten, weißesten oder launigsten Männer auf dem ganzen Erdboden vertauschen. —

Und dann rücken die schönen Tage auch wieder all=
mählig heran, wo ich mich an einen Sonnenrain
setzen, die Meisen und Lerchen behorchen, des Früh=
lings Balsamdüfte trinken, mich im ersten Grün
wälzen, Veilchen und Mayenrischen pflücken, ins
Frohlocken des Himmels und der Erde mitjauchzen
kann, und endlich, trunken vor Freude, aus dem
erquickenden Labirinth in meine Hütte zurückkehre,
mein Opfer des Danks dem grossen Wesen zu brin=
gen, das auch mich, gleich allen seinen Geschöpfen,
so fühlbar gemacht.

3. Febr.

Fort mit euch, lermende Freuden, wie sie ge=
wöhnlich Welt und Menschen geben können! Weg
besonders, wühlersche Freß= und Saufgelage, wo
man seine Lenden mit Speisen spickt, daß sie zer=
springen möchten, und den Magen mit Trank füllt,
bis der Dampf die Augen übertreibt, und der trockene
Mund stackelt wie eine Elster! Weg mit dem Mord=
geschrey der Jagd! Weg nicht minder mit jenen
steifen gezierten Lustparthien, wo man wie eine
Harfensaite gespannt dasitzen, und für ▓▓ und
Strümpfe mehr Sorg tragen muß als für Leib und
Seele! Meine Freude ist im Stillen; jetzt noch in
einem warmen Winkel meines Zimmers; bald, wie
ich hoffe, auf lustigen Anhöhen von lauen Westen
umsäuselt. Dann in belaubten Gebüschen, unter
weit beschattenden Bäumen: „Am Bache, wo die
„Raben den Mann Gottes gespiesen; in der Wüste
„wo der Hirte David mit seinen Schäfgen herum=

„kletterte; auf dem Hügel, wo die alten Himmels-
„söhne ihre Altäre bauten; auf den Bergen, die der
„größte unter allen von Weibern geboren, mein
„Liebster, so oft bestieg — wo der Thau auf Gi-
„deons Fell fiel, und Boas des Nachts sein Korn
„gewannet (*)." O ihr einsame Oerter, wo meine
höchste, oder vielmehr, meine einzige Lust wohnt —
wo's mir immer so hell im Kopf, so leicht ums
Herz wird — wo ich Himmel und Erde küssen
möchte — wo ich dem bessten Vater und Erhalter
aller seiner Geschöpfe meine bescheidenen Bedürfnisse
erzählen, und zugleich mit den kühnsten Hoffnungen
mich zu ihm erheben darf! O könnt' ich in einer
solchen Gegend meinen letzten Hauch athmen, wie
viel freudiger noch wollt' ich ausrufen: Vater! in
deine Händ' empfehl' ich meinen Geist!

4. Febr.

O daß in so seeligen Augenblicken meine Hand
fliegen, die Schnelligkeit meiner Gedanken ereilen,
und mein Ausdruck die Kraft derselben erreichen
möchte, und ich so mein Vergnügen auch andern
mittheilen, und für mich selbst zum immerwährenden Andenken aufbewahren könnte! Oder daß ich
wenigstens Zeit gewönne, in dieser Absicht nur mein
Möglichstes zu thun! Aber da darf ich meinen Berufsgeschäften des Tags oft kaum ein Viertelstündgen

---

(*) Ich mache mir ein bedächtliches Vergnügen daraus,
diese Stelle, in die Profansprache unsrer neuern Roman-
schreiber und Dichter ganz unübersetzt, lediglich ihrem
guten Geschicke zu überlassen.

A. d. H.

rauben. Doch, Geduld, mein Geist — die Ewigkeit ist dein.

5. Febr.

Bin ich doch ein verzagter Haase! Gelingen mir meine Geschäfte überhaupt noch so gut, und stellt mir dann von Zeit zu Zeit sich nur das geringste Widrige in die Quere, so sitzt der vertrackte Unmuth und eine halbe Verzweiflung mir schon im Herzen. Heute kömmt einer meiner Arbeiter, und sagt: Mein Garn sey nicht einen Blutzger werth; kein Mensch könn' es weben — so denk' ich schon: Itzt ist alles aus. Oder es steht eine Spinnerin von mir ab — Itzt werden's alle so machen. Freylich sind das allemal Stücke, die aus meinem Brodkorb fallen — aber doch so kleine, welche leicht zu ersetzen sind. So denk' ich dann, so bald ich wieder gescheuter und ruhiger bin: Eins geht, das andre kömmt: Jeder Tag hat seine eigene Plage.

Zwey alte ehrliche Dürrwälder traten diesen Morgen in unsre Stube, der einte mit einer Geige, der andre mit einem Hackbrett: „Packt euch"! schneuzte sie meine Frau an: „Wir brauchen keine „Spielleuth." Aber im gleichen Augenblick kamen meine Jungens, und kleibten sich an mich, mit den Worten: „Bitte, Vater, laß sie doch ein Bißli „machen." „Nun, so macht eben was her", sagt ich. Wie wohl that nicht das elende Gekritzel den jungen Ohren — und mir alten Stock wahrlich wenig minder; denn mit demselben kamen mir meine Jugendsprünge und die lustigen Schwänke, die ich

in den deutſchen Reichsſtädtgens trieb, alle auf ein‑
mal wieder in den Kopf. Bald aber dacht' ich dann
freylich auch daran, wie mir zulezt genug — auf
meinen Buckel gehackbrettelt worden; und hätt' ich's
je vergeſſen können, würde mich heut mein Weib
erinnert haben, die den ganzen Tag des unſchuldigen
Vergnügens wegen, das ich da mir und meinen
Buben gönnte, ſchreckliches Aufheben machte.

6. Febr.

Nun, Gott Lob! es will einmal wieder aufthauen,
nachdem es izt an die fünf Wochen eine recht grim‑
mige Kälte machte. Dieſer ſanfte Regen (ich er‑
wartete einen; denn heut Morgens hat's abermals
gedonnert — freylich nur in meiner Stube) wie
wohl thut er meinen Blumenſtöcken; und mir nicht
minder! Die ſpiegelhellen Tröpfgen an den kahlen
Bäumen — ſtundenlang möcht' ich ſie betrachten,
wie ſie zuſammenrinnen, ſo bahäugen, dann abfal‑
len, und ſofort ſich wieder andre ſammeln. Keine
Seele könnte ſich vielleicht an ſolchen Kleinigkeiten
ergözen, ich glaub' es einmal kaum. Aber, was
ergözt mich nicht, von allem was der Schöpfer macht!
Jedes andre Wetter, jedes neue Wölfgen, jede friſch
hervorkeimende Pflanze weckt irgend einen frohen,
oder auch lieblich wehmüthigen Gedanken oder Em‑
pfindung in mir auf. Sonſt hatt' ich heut' eine
traurige Arbeit. Eine arme Nachbarin bat mich,
ihrem verſtorbenen Mann ſein leztes Häusgen zu
machen. „Ha! wie ſanft wird die Ruhe ſeyn von
„aller Arbeit, wenn auch ich einmal ſo hingeſtreckt

„da liegen werde. Meinetwegen kann's denn Don„nern so lang es will, und heissen: Der Mann „selig ist gestorben, oder, der Lump ist endlich todt. „Doch, nein! ich weiß es, das letztere wird keiner „reden; wohl aber etwa: Der arme Schelm hat „seinen Bündel auch getragen, 's ist ihm wohl ge„gangen"! — Freylich werd' ich wahrscheinlich noch manchen Luftsprung machen, noch manches spanische Schloß bau'n, eh' mein Stündlein vorhanden ist. Vielleicht aber auch nicht, und sind die Bretter schon in der Mühle, die meine Asche einschliessen sollen. So dacht' ich während der Ausfertigung dieses kleinen Liebeswerks; und 's wollt' mir schon ein wenig ums Herz kräuseln Aber ich besann mich bald eines Bessern. Die Freude, daß ich so den Schnee vor meinem Fenster hinschmelzen sah, trug den Sieg davon; und eh' ich noch mit dem Sarg fertig war, sang ich, und sprang schon wieder hoch auf!

7. Febr.

Sey ein Mann, mein Sohn! Denn du magst's seyn oder nicht, so bist du's dir. Aber ich rathe dir, sey ein Mann! Du kannst nicht glauben, wie viel tausendmal es dein Vater bereuen mußte, daß er's in der Jugend nicht war. Sey ein Mann, sag' ich dir noch einmal, in deiner Jugend. Flieh des Teufels Leimruthe: Es ist nicht zu beschreiben, wie tückisch er jungen Vögeln, wie du bist, nachzustellen weiß: Wen er einst noch so frühe belurt hat, den läßt er sein Lebtag nie ganz ungemupft; und wenn du einmal Leim an den Flügeln hast, mußt du dein

Lebtag schwer fliegen. Wie er aussieht, ist eben schwer zu sagen. In seiner eignen Gestalt sah' Ich ihn wenigstens niemals — aber wohl in seinen Verwandlungen — vielleicht auch nur in seinen Abgesandten; und die waren bey weitem nicht allemal pechschwarz, sondern bisweilen blendend weiß. Immer aber muß er ein verwünschter mißgönstiger Geist seyn, der jedem Erdensohn sein Glück verderben möchte. Flügel muß er wohl auch haben, und zwar sehr breite, weil er in allen vier Welttheilen so viel Wind macht. Aber neben diesem General- und Hauptteufel, der, wenn er die Gewalt dazu hätte, heißt es, alles unter über sich kehren würde (von dem ich mir aber, wie gesagt, nie keinen rechten Begriff machen kann) giebt's dann noch kleine Spezialteufel in Menge, die ich leider schon besser kenne. Und diese, mein Sohn! schleichen nicht in Wäldern und Feldern herum, nisten weder auf Schindangern noch in alten Mauerstöcken — Nein! sie sind uns viel näher — Doch auch nicht im Haar, sonst könnte man sie ausstrählen; auch nicht im Blut, sonst könnte man sie in Schröpfgläsern fangen; sondern sonst allernächst dem Herzen, in irgend einem so kleinen verborgenen Winkelgen, das bisher kein Anatomiker entdecken mochte, und wo sie dann Tags und Nachts durch alle Adern laufen, in allen Gliedern, und selbst auf unsern Geist wirken. Jeder Mensch hat gewöhnlich seinen eignen; doch lassen sich nicht gar alle von dem ihrigen regieren. Vertraue dich niemandem als Herzensfreund, von dem du nicht Proben hast, daß er Meister von dem seinigen ist. Sey darum, neben der Tapferkeit auch klug, mein Sohn! Manchen schon hat ein dem Anschein nach nur klein munziges Teufelchen, das in seinem Innwendigen hauste, nach und nach zum Erzschelm gemacht — und ihn nach ebendrein beredet, er sey ein kreutzbraver Kerl — oder konne doch mitlaufen. Sey Mann, mein Sohn! unerschrocken. Die Hand, die dich schuf ist auch überall dich zu erhalten und zu beschützen, da. Zittre nicht wo's nicht Noth ist — wo alle Welt zittert. Aber wo sie jubiliret, da sieh' dich vor; aber sey nicht minder Mann!

Andre Lebensregeln mag ich dir nicht vorschreiben, mein Kind! Man hat deren so viel, daß man Babylonische Thürme draus bauen könnte. Aber zwey grosse Bücher, die studire. Das eine steht hinter unserm Tisch; das andre liegt überall aufgeschlagen vor dir, wenn du nur das Fenster öffnest, geschweige wenn du hinaus auf die Weiten gehst. Beyde lehren dich Gott, jenes in seinen Wegen, dieses in seinen Werken kennen: Wie viel Freude wirst du nicht aus dem letztern, wie viel Weisheit aus dem erstern schöpfen! Dieses wird dir ebenfalls sagen: Sey fröhlich, mein Sohn! in deiner Jugend; aber wisse dabey, daß du einst tausend dir jtzt unschuldig scheinender Dinge wegen wirst zur Rechenschaft gezogen werden; welches eben so viel heißt, was ich dir jtzt noch einmal, und zum letztenmal sage: Sey ein Mann! Man kann hunderterley seyn, und doch nichts, wenn man das nicht ist —

8. Febr.

— Und zwar meyn' ich nicht ein grosser, weit oder gar weltberühmter Mann; denn ein solcher kann ein ungeschliffener Mensch, wie du bist, selten oder nie werden: Sondern kurz und gut ein braver ehrlicher Mann meyn' ich; ein Mann über seine Leidenschaften, der z. B. falsche Beschuldigungen oder giftige Worte lachend, und noch besser ruhig und ohne Lachen abweisen — dem Matador, von dem er Genuß hat, nicht schmeicheln — einem widerlichen, aber doch nicht bösen Nebengeschöpfe, aus Menschenliebe, ein freundlich Gesicht machen kann; auch die kleinsten Tugenden, die niemals und nirgends in Druck ausgehn, gleich den größten, unverdrossen übet, u. dgl.

9. Febr.

Was es heut für Wetter macht! Wie der Nebel dort von den Bergen herunterhängt, gleich einem zornigen Mann, der seine Augbraunen litzt. Auch ist's mir so eng' um die Brust, und all' mein Sinn und Denken so verworren, daß ich laufen möchte, so weit der Himmel blau ist, wüßt' ich nicht aus vielfältiger Erfahrung, das Alles Alles wieder anders wird. Wie? Macht mir die sonderbare Witterung so bang, oder liegt die Ursache in meinem Innwendigen? Die erstre kann auch das ihrige dazu beytragen. Aber, ich will es mir nur gestehn, eigentlich ist's das letzte. Eine Leidenschaft macht mir viel zu schaffen — doch, die will ich Morgens beschreiben, heute wär' ich's nicht im Stand, und habe sonst alle

Hånd' voll zu thun, daß ich immer das Hintre vor dem Vordern angreife.

10. Febr.

Heut scheint die Sonne wieder so warm und schön — aber in mir ist alles dunkel, gehässig und muthlos. Gestern hätt' ich mögen poltern. Heute mögt' ich lieber schlafen. Mich Armen plagt, wie gesagt, eine der quälendsten aller Leidenschaften — die Sorge für den künftigen Tag, und ein elender Brodneid. Immer fürcht' ich, ein gewisser Andrer komme mir nicht nur zu nahe, sondern weit zuvor, und überall in die Queere. Jüngst machte jemand in meiner Gegenwart eine solche Beschreibung von seiner vorzüglichen Geschicklichkeit andern das Bein zu unterschlagen; wie er sich um die Rechtmässigkeit der Mittel zum Zwecke so wenig kümmere, u. s. f. daß mir der Angstschweiß ausgieng; daß ich seither ihm kein gut Wort, keinen geraden Blick mehr gönnen mochte, und ihm nicht nur das Aergste zutraute, sondern auch jene ungute Sagen von ihm in der Stille weiter auszubreiten, schon in der größten Versuchung stand. „Aber wie"? denk' ich denn andremal wieder: „Der Mann muß ja auch gelebt haben, und „hat überdies in unserm Handwerk die ältern Briefe „als du. Vielleicht mag er eben so von dir denken, „wie du von ihm; und, wie gesagt, mit noch bes„serm Recht, weil du neuer bist als er. — Seine „Redlichkeit betreffend, mögen ihn die Leuthe auch „gutentheils, vielleicht ganz, fälschlich beschuldigt „haben. Wer weiß, was sie auch von dir sagen,

„woran du nicht einmal denkst, was erstoben und
„erlogen ist. — Wenn du an seiner Stelle wärst,
„würdest du's nicht auch machen wie er, und ge-
„wisse Vortheile des Orts und andrer Umstände
„benutzen gleich ihm — oder wohl gar mit dem
„Bengel noch gröber drein werfen als er. Wenn
„er sich endlich unerlaubter Mittel bedient, sollten
„ihm die in die Harre gelingen? Und dann kurz
„und gut: Haben wir nicht alle beyde Arbeits ge-
„nug"? So fieng ich mich, besonders heute, zu
beschelten an, daß ich eine derley Anfechtung — mit
aller Welt gemein haben müsse. Nun war ich freylich darinn itzt wieder ein Narr, zu wähnen — daß
Ich zu gut vor's Anfechten seyn sollte. Uebrigens
aber ist's und bleibt's doch wirklich wahr: Daß wir
unsre Nahrungssorgen meist tropfschlägig übertreiben,
und Handwerksneid — kein Brodt ins Haus bringt.

11. u. 12. Febr.
(Unfälle, deren Erzählung nicht vor's Publikum
gehört, und die sich mit folgenden Zeilen endigt):

Du wohnst in einer mürben Hütte, meine Seele!
aber du verjüngst dich immer, und deine Aussicht
wird immer heller, immer reiner, hinüber in eine
beßre Welt. An dem Land, worinn du itzt wohnest,
hast du weder Theil noch Erbe. Du bist für jene
Gegenden, und sie für dich geschaffen. Muthig,
noch ein Weilchen! Gieb Kraft, o Himmel, zum
Ausharren — nicht bloß im Leiden, sondern im
Thun. Noch möcht ich alles wieder gut machen,

was ich in der Welt verderbt habe. Es ist nicht viel, aber doch immer genug für mich und andre.

13. u. 14. Febr.

Den 13ten gieng ich nach N. und nahm meinen ältern Jungen mit: Ein vortrefliches Mittel, die unmuthig herum flatternden Gedanken ein wenig zu sammeln, wenn man so ein unschuldiges Kind nach seiner Fassungskraft zu unterhalten sich bemühet. Es war ein herrlicher, wahrlich ein halber Frühlingstag. Wir nahmen unsern Marsch über den angenehmen Gaißberg. Des Abends auf dem Heimweg war der Knab mit einem noch dazu ziemlich grossen Bündel immer etliche Schritte voraus. Ich glaub' er hätte gejauchzt, hätt' er nicht besorgt ich möcht's ungern hören. Aber ich denke in solchen Dingen nicht so orthodox, wie seine Mutter; doch find' ich, ist's noch alle Zeit, es den Buben merken zu lassen. Ich indessen gieng so meinen Schritt über ein Brachfeld hintennach, schmauchte mein Pfeifchen, und heftete meine Blicke auf die Erde. Die ersten Kräuter und Gräser, über welche ich hinschlenderte, machten mein Denken rege. Sie guckten so bemüthig aus den dürren Stoppeln hervor, als wenn sie der holden Abendsonne noch einen tiefen Reverenz machen, und fragen wollten: Wie bald sie ihre Köpfgen recht ungescheuhet emporheben dürften, und von ihrem Feinde, dem gräßlichen Nord, nichts weiter zu befürchten hätten? „Du gute Mutter Erde", dacht ich da, und murmelt' es wirklich so halb laut vor mir hin, „so manch Jahrtausend ist vorüber, und deine Kraft

„ist noch nicht müde zu zeugen, zu gebähren, und
„zu nähren — ist noch vollkommen dieselbe, wie in
„deiner Jugend; nimmst, was ein Weilchen auf
„deiner Oberfläche war, alles alles was je auf dir
„herumkroch, in deinen Schooß zurück — und giebst
„wieder anderes, und immer anderes — bis es
„einmal genug seyn muß. — Und dennoch, wie viel
„tausend — wie man sagt mit Vernunft begabte —
„Geschöpfe durchwühlen dich Jahr aus Jahr ein,
„ohne sich die Millionen Zeugungen nur träumen
„zu lassen, die in deinem Busen wimmeln! Wie
„viel tausend andern ist dein Leib eine Trauerhöle,
„wenn sie aus den Tiefen desselben die Schäße ha-
„cken müssen, womit wieder so viel tausend deiner
„Kinder tändeln, prangen, und sich dafür bis aufs
„Blut balgen! Wie manche deiner hochtrabenden
„Söhne und Töchter stolpern mit gedankenloser Ver-
„messenheit über deine Oberfläche hin, oder glauben
„sich gar zu vornehm, mit deinem Staub ihre
„Schuhe zu beschmußen. — Mir bist du heilig,
„liebe Mutter! Vierzig Jahre hast du mich schon
„genährt, und täglich mit deinen Reizen vergnügt
„und entzückt. Darum ehr' ich auch alle deine Kin-
„der, und freue mich selbst der geringfügigsten der-
„selben, so lang' ich auf dir herumwalle.. Aber eben
„so sehr lüstet mich's — ach nicht zu spätbe! —
„einmal in deinem Schooße von alle meinem müh-
„samen Herumstoffeln auszuruhn." So schwärmt'
ich eine lange Strecke fort, als wir an jenen
schönen Rain kamen, den die untergehende Sonne

immer so herrlich zu vergölden pflegt. An demselben legt' ich mich auf den Bauch ins weiche Moos und Immergrün, zeigte meinem Buben die wundervollen Fäserchen des letztern, und wälzte mich wie ein Kind auf seiner Mutter Schooß, wenn's gnug mit ihren Brüsten gespielt hat. Dann verfolgten wir unsre Straße weiters. Unterwegs baut' ich mir noch ein Luftschloß: Eine schöne Alp mit stolzen Kühen, wovon ich selber Senn war. In der Dämmerung stießen wir auf eine Schneke, und beym Anblick derselben fand sich bey mir ein gewaltiger Durst ein. Ich trank also, wie im Flug, ein Schöppgen; und zahlte einem armen Schustergesell, der von Pludenz her kam, auch das seine. Der gute Mensch hatte wenige Pfenning im Täschlin, war gleichwohl munter und allert, und pfiff gerade nach meinem Model, daß es eine Lust war. Ohne Fehl hätt' ich ihn mit mir nach Haus genommen, wenn ich darinn souverainer Herr wäre. Wie wir eben ins Dorf traten, tallpatschte uns ein Barthel Schweinsigel durch die Straß entgegen, eine Heerd Buben mit Schneeballen hinter ihm drein. Berufs fühlt' ich mir hier keinen, den Sittenrichter zu machen. Aber ein Nordschein, der eben am Himmel heraufzog, und den die Bursche erblickten, trieb sie, wie ich nachwerts erfuhr, auseinander. Auch mir entgieng die herrliche Erscheinung nicht; und in ihrem Anblick kam ich noch um so viel bessern Muths noch Hause.

15. Febr.

Das hab' ich wohl gedacht! Wenn die Wundernasen über dieß Tagebuch kommen, würd's spucken. Ich ließ das Ding auf dem Tisch liegen. Meine verschmitzte Jahel kann zwar nichts Geschriebenes lesen, aber sie stellte ihren Buben an; der mogte just so eine Stelle *) von spanischen Schlössern u. dgl. aufgeschlagen haben, die las er ihr vor. Himmel! wie sie ihr Gesicht verzog! was das vor Augen gab! und Seufzer aus den tiefsten Tiefen ihres Bauchs herauf. Ach! was es da für ein Wetter absetzen wird; dacht' ich, und zitterte. Sissera, es ist gut wenn du nicht einschläfst; Hammer und Nagel sind wohl schon bereit — Doch es gieng weit besser ab, als ich's vermuthete. „Um Gottes wil„len", sagte sie, „was sollen diese Possen in einem „Tagebuch? Hast doch vordem auch was Gutes hin„eingeschrieben — einen frommen Seufzer, ein „Ach! u. dgl. Itzt lauter Narrnzeug." „Hör' mal, „Jahel"! antwortet' ich: „Jenes ewige Ach! und „Aber Ach! ist mir verleidet; diese Possen, und „jene Andächteleyen schrieb ja der gleiche Mann, „der sich aber itzt, das sollst du wissen, darum bey „Weitem nicht für schlimmer hält"!

17. Febr.

Nicht schreiben Ich — nicht schreiben sollt' ich — wenn mein Kopf von freylich oft seltsamen Begriffen und Fantasien voll ist, wie der Vollmond, und mein Herz trunken von Emfindungen des Guten und

---

*) Ich denke, es war die vom 30. Jan.

Schönen — aber auch des Schlimmen und Häßlichen alle, das um und an ist? Wenn's mir ist, ich greife mit Händ' und Füssen, wie freundlich der Herr sey, in der belebten und leblosen Natur, und wie verkehrt hingegen, durch eigene Schuld, so viele seiner sogenannten vernünftigen Geschöpfe? Ich z. B. und dann jener Herr, aus dessen Studirstube ich eben komme, der aller Welt Lehrer seyn will, und in allen Formaten gegen Laster und Thorheit eifert, die, meist in Folio in seinem eignen Busen haufen.

19. Febr.

Gestern Morgen hat's im Hausfrieden wieder einmal gekracht, wie ein Laxier — oder Kräuterwein, was ihr lieber wollt. Bitter war's freylich für den Mund, wie jede Arzney; aber doch gesund. Glaub' mir's, Sohn! es ist ein widerlich, aber heilsam Ding, so jemanden zur Seite zu haben, der Jahr aus und ein jeden unsrer Tritte beobachtet, jeden bekrittelt, und Tadel über Tadel ausspendet. 's greift entsetzlich an — bis zum Bauchgrimmen; aber dann purgirt's auch die übertrieben gute Einbildung, die man von sich selber hat. — Und, ehe diese den Weg alles Fleisches gegangen ist, wie wollte einer genesen?

20. Febr.

Laxier, Purgiren, u. s. f. sind freylich unedle Ausdrücke, die mir gestern halb im Schlaf und halb im Zorn entronnen sind. Heute wollt' ich's erst wieder durchstreichen. Doch, nein! dacht' ich; ist man bös so schreibt man bös, ist man gut so schreibt man

man gut. Und dann war doch die Applikation so liebreich!

22. Febr.

Wie sanft, wie ruhig! Holdes Abendroth, nach dem tobenden Geräusche dieses Tags. Es war ein Markttag, der mir, wie alle solche Anläße wo viel Volks zusammenströmt, auch manches zu denken machte. Freylich mag ich albern genug aussehn, wenn ich so an einer Ecke des Wegs dastehe wie ein Maulaff. Meinetwegen, albern so viel man will, nur nicht mürrisch; denn unzufriedne Gesichter gefallen weder Gott noch Menschen. Aber stilles Nachdenken, wem sollte man das verwehren können? Oder ist's für den Pilger in dieser Unterwelt nicht auch eine eigene Lust, sich so hinzupflanzen, und zu beobachten das Hin- und Hergeläuf' über alle Kreutz- und Queerstrassen; wie ein jeder seiner Mitpilger seinen Bündel trägt, der eine leicht der andre schwer, der eine aufrecht der andre krumm; jedem es aus den Augen zu lesen, ob's ihn drückt oder nicht? zu sehen, wie der eine sorgenfrey — oder doch sorglos hin und her schwänzelt wie ein munter Hündchen, auch wohl gar einen lustigen Seitensprung macht; ein andrer hingegen greint und ächzt über Nichts und wieder Nichts; ein dritter schlau sich nach allen Seiten umsieht, ob's nichts zu erschnappen, und noch mehr — überflüssiges aufzupacken gebe; ein vierter mit offnem Mund dasteht, und selber nicht weiß, woher ihm seine Zehrung hergeflogen kömmt; ein fünfter hinten und vornen aufschlägt, wo ihm etwas, oft auch wo ihm nichts im Wege steht; ein sechster endlich seinem Begleiter die Nothdurft aus der Tasche maust, und in einen Winkel verscharrt auf die Zeit des eigenen Mangels, der — niemals kommen wird.

24. Febr.

Gestern Morgen ging's ganz allein über alle Berge nach Herisau. Drückende Wetterwolken hingen um meine Brust, obschon es sonst der helleste Tag von der Welt war. Durch Singen und Pfeifen wollt' ich jenes Gewölk in meinem Innwendigen zertheilen, aber alles vergebens. Endlich war ich in dem Flecken drinnen. Meine Geschäfte machten mir, wie gewöhnlich, eben keinen Buckel; ich hatte leider eben nur wenige Waare anzubringen, und desto mehr Zeit herumzuschlentern. Ueberall traf ich lustiges, aufgerdumtes Volk, und zumal viele artige Weiber an; und da ist's mir immer noch Eins so wohl. Auch stieß ich von ungefehr auf zwey Scenen, die spaßhaft genug — versteht sich für einen jeden seyn mochten, der daran keinen eigentlichen Antheil nehmen mußte. Die erste war ein unschickliches Hochzeitpaar, die so bey einem Mittagessen in dem nämlichen Zimmer, wo ich das meinige einnahm, gütlich thun wollten, aber es eben unmöglich konnten. Die fünfzigjährige Braut hatte schon sieben Kinder aus einer frühern Ehe, und that in ihrer schwarzen Haarkappe freylich mit ihrem Bräutigam so verliebt und glatt wie ein junges Kätzgen, da er im Gegentheil, ein hageres unbärtiges Bürschgen von 18 ‐ 19. Jahren, so erschrocken und traurig dasaß, wie ein armer Sünder vor dem Scharfrichter; das denn freylich den lustigen Fuhrknechten zu manchem schmutzigen Spaß Gelegenheit gab. — Der zweyte Auftritt war ein Gezänk zwischen zwey Appenzeller‐Bauern, von denen der erste dem zweyten keinen sogenannten Winterweg über seine Güter geben wollte, weil es ihm, sagte er, seinen Grund und Boden verderben würde: „Poh"! fiel hier ein Drittmann ein: „Laß „e un fahren, es ist ja wieder anderen Boden un‐ „der duem nunen"! — und hätte für seinen Ein‐ fall bald eine tapfere Ohrfeige gekriegt. Dann gieng's unter den streitenden Partheyen selber immer schär‐ fer und schärfer, bis es endlich mir und einem mei‐ ner Schwäger geglückt hatte, sie einstweilig aus einander zu setzen. Mittlerweile brach der Abend herein. Kaum konnten wir noch jene anmuthige Höhe erreichen, deren ich schon so oft Erwähnung gethan, und wo wir auch izt, unser Fünfe, das Nachtquartier nahmen, und uns, bey einer vollen Tafel, über Krieg und Frieden, Hunger, Theurung und andre Landplagen, in vollkommener Sicherheit mit klugen Gesprächen ergötzten — fast wie grosse Herren. Nach einem kurzen Schlummer, als kaum der holde Tag wieder über den vor uns liegenden Bodensee herangeschlichen kam, gieng ein jeder seine Strasse; Ich nach Haus, wo meine Gebieterin mich nicht so frühe erwartet hatte; so daß wir diesmal beyde ein lächelnd Gesicht machten. Und das ist so viel, als wenn sonst Herr und Frau einander in die Arme laufen, und sich mit tausend Küssen überschütten.

25. Febr.

Kein Menschenkind müßte (sagte jüngst A.) müssiggehn wenn er nicht wollte. Gottes Boden gäbe allen seinen Söhnen und Töchtern Arbeits genug. — Nein (versetzte B.) wenn alle Adamskinder arbeiten wollten, würden sie die Erdkugel durchgrübeln, daß gar nichts mehr drauf wüchse. — Du Thor! (erwiederte A.) ich meyne eben nicht, daß sie alle ackern müßten; wer wollt' ihnen sonst die Pflüge machen, und diese Weltvoll Bauern kleiden? — Die Weiber (antwortet B.) — Und A. Warum nicht die Weiber! Diese haben ja genug mit Kochen und Scheuren und Waschen, und Flöhfangen zu thun; und, wenn sie Kinder zeugen, kömmt noch das Wiegen und Säugen hinzu, u. s. f. — Und kurz, das war ein Streit, den zween unwissende Tölpel nicht ausmachen — und ich, der dritte, als ihr erbetene Schiedrichter, eben so wenig entscheiden konnte. Nur so viel bin ich überzeugt, daß es der gute Schöpfer weislich machte, daß er dem Menschen seinen freyen Willen ließ; doch so: Daß, wer sonst zu leben hat, arbeiten kann, und wer nichts hat, arbeiten, oder betteln und stehlen — aber dann auch aufgeknüpft werden muß, doch giebt's, so viel ich merken mag, auch noch Nebenstände, die sich z. B. mit Liegen, Plaudern, u. a. derley freyen Künsten unglaublich gut nähren können, von denen man kaum weißt, in welche Ecke der beßten Welt man sie stellen muß — und die dann doch vorzüglich meynen, alle ihre Handlungen sollten einprotokollirt werden.

28. Febr.

Gestern spazirt' ich in einer müssigen Viertelstunde nach jenem reitzenden Fichtenwäldchen, wo mich, während den Tagen meiner ledigen Haut, Aenchen, das Engelskind, mit seinen unschuldigen Reitzen so oft entzückt hatte, und hieng da allerley unnützen alten und neuen Fantasien nach, als mit Eins zwey vierecke breitschultrigte Tyroler, mit härenem Wamms und grünen Hüten auf mich stiessen, und aus dem überirrdischen Reich der Träume mich wieder auf diese Unterwelt zogen. Ehrliche braune Gesichter, mit entsetzlichen Schnurrbärten. Woher Landsmann? brummte mich einer von ihnen an. Ich. Da von unten herauf; und Ihr? — Er. Da von der Schweitz her; aber da giebt's nichts zu fressen als Molken und Käse. Eine Pfeife Taback, Bruder! — Ich. Da hast den Beutel, stopf dir eine. O (sagte der andre) er frißt ihn nur. Ich gab ihm also eine Hand voll, und der Kerl kaute nach Herzenslust. Als wir wieder aus dem Wäldchen traten, kauft' er in einer nahen Schenke einen halben Laib Brodt; der war im Hui zermalmt. Mittlerweile hatten diese sonderbaren Leuthe (ihres Handwerks Dreyorkrämer) durch den Ton womit sie mir alle Mühseligkeiten ihrer irrdischen Pilgerschaft so lustig erzählten, als ob's lauter Tänze wären, mich nicht wenig erbaut; und dacht' ich auch dießmal: O wie trift man meist die besten Sittenlehrer — nicht eben an den Ecken der Strassen, aber doch so oft auf seiner gewohnten Strasse an!

4. Merz.

Alles gut, wenn nur mein Xantippchen ihr Poltern ein wenig mildern wollte! — Aber, du Tropf! (sagte mir jüngst ein Freund) kannst du nicht auf die Seite gehn? — Ach! nein, das will sie eben nicht, die liebe Frau. Stillstehn, vor ihrem Domitians-Gesicht, und zuhören: Eingang, Text, Abhandlung und Zueignung, bis zum Wörtchen Amen, soll ich; sonst meint sie, wär's verlorene Arbeit. Lange hoft' ich des Dings endlich gewohnt zu werden; aber umsonst. So willkommen mir jeder junge Morgen ist, so beschwerlich sind mir sieben Morgenpredigten in Einer Woche!

7. März.

O wie wohl thut es mir, an den Sonnabenden mich so hinzulehnen, und rückwerts zu blicken auf alle Arbeit und Mühen der sechs verstrichenen Werkeltage, und mich schon zum voraus zu ergötzen an dem folgenden Sabbath, und recht darauf zu studiren, mir denselben zu einem eigentlichen Ruhetag, d. h. zu dem zu machen, wozu sein göttlicher Stifter ihn bestimmt hat. Denn, da denk' ich: Neben dem öffentlichen Gottesdienste, soll jeder an dem Ort seinen Sabbath feyern, wo er die beßte Ruhe finden kann, in der lebenden und leblosen Schöpfung. Nur verhüte o Himmel! daß ich mich in solchen Mußestunden nie zu sehr von der Bewunderung jener Klasse deiner Geschöpfe dahinreissen lasse, die so anziehend und so schön sind, daß unser einer stillstehen, und sie angaffen muß — bis er ein wenig im Kopf verrückt ist.

9. März.

So einen Tag munter und zufrieden, ohne Leidenschaft und so. st ohne einiges Ungemach, in seiner Berufsarbeit drauf losgeschafft, und während dem Werke seine Gedanken auf= und niederfahren, und sich durch einander kreuzen lassen, wie ein Mückenschwarm — was das für eine Lust ist! O wie selig ist der Mann, der Jahr aus Jahr ein es so haben kann.

10. März.

Aber 's ist schon wieder anders. Heute sollte mir Geld eingehn, und es kam nicht. Und das ist für unser einen ärger, als wenn der Bettler: Helf dir Gott! bekömmt, oder dem Müller mitten auf der Straße ein Rad bricht. Auch setzte es bey Hause etliche Scharmützel ab; da ich aber wie ein Biedermann auf dem mir angewiesenen Posten stuhnd, behielt ich den Sieg.

11. März.

Mögen's immer Wiederholungen seyn — ich kann es nicht lassen: Der Himmel freut mich, die Erde freut mich; jeder neue Tag rührt mich mit neuem Entzücken. Aber ich finde nicht immer Worte, meine Empfindungen darzustellen. — Wenn alle Morgen ein neuer Tag hinter den Bergen so freundlich heraufschleicht, und die ersten Frühlingspflanzen zu Berg und Thal hervorgucken, und passen, ob nicht der Wind aus Westen wehn, und einen Frühregen

erzeugen will; wenn's dann immer heller und heller
wird; das Morgenroth an der emporflammenden
Sonne zerschmilzt; diese von Stunde zu Stunde
höher steigt, und die Hügel ihre meist noch kahlen
Stirnen so herhalten müssen: Wenn sie jzt am hohen Mittag strahlt, und vor ihrem überirrdischen
Glanz alle Herrlichkeit der Könige verschwindet; dann
sich allmälig nach den Antillen hinüberwälzt; und ihr
abendliches Scheiden nur milder, aber gleich maje-
stätisch wie ihr Anfang ist; wann sich jzt die Schatten überall verlängern, und endlich die holde Abend-
dämmerung mich auf einem paradiesischen Hügel
überrascht, von wo mein Freude trunkener Geist sich
noch unendlich höher emporschwingt, und in der
stillen Sphäre herumirrt; tausend glänzende Welten
durchschaut, und tausend ungesehene Dinge ahndet —
o wie wohl ist's mir da! — Wehe mich immer an,
kalter Nord! du bist gleichwohl auch schön, reiner
Odem des Höchsten! und bald wirst du sanfter thun,
wenn der Engel gegen Abend durch deine Schneide
bläst. — Noch einmal, o ihr tausendschönen Tage,
ihr wonnevollen Nächte! — Nein, mein Geist! Du
wirst nie in die Gruft hinuntersteigen; du wirst immer solche Tage küssen, der herrlichen Sonne nach-
flattern, und über derselben eine noch herrlichere
erblicken. Alle jene Welten wirst du durchwandern,
ihre Bewohner werden dich entzücken, und ihr nie
gesehener, nie beschriebener König, der auch dich
schuf, wird dir neue Freuden in Fülle schaffen!
Aber, ich habe mich diesseits noch nicht genug ergözt

an deinen majestätischen Werken, göttlicher Meister! —
Und, ach! verzeihe meinem irrdischen Mund seinen
niedrigen Ausdruck; vergönne dieß blöde Lallen deinem dankbaren Kinde, und gieb diese schuldlose
Wollust noch manchen von deinen Geschöpfen zu geniessen, die mitten auf deiner schönen Welt in der
Finsterniß tappen, und immer nur Elend über Elend
haschen.

14. März.

Zwey Gegenstände kamen mir diese Wochen vor
die Hand, welche ich gerne beschreiben möchte, wie
ich sie empfunden habe, nach den Eindrücken die sie
auf mein Gemüth machten.

Das erste war ein Besuch, den ein Pfarrherr bey
einer kranken Person machte, welche bald aus dem
Land der Lebendigen wird scheiden müssen. Er saß
neben ihrem Bethe, und redete mit ihr allerley
amtsmässige Sachen. Es war eine Lust für mich,
diese beyden Gesichter gegeneinander zu beobachten.
Welch ein Unterschied, dacht' ich: Hier der Engel
des Todes mit seiner Sense sitzt schon auf Stirn',
Aug', Mund und Wange. Wie das arme Geschöpf
zagt und zittert; wie es jedes matte Trostwort so
begierig aufschnappt! Denn da fehlt es leider an
warmer, inniger Theilnehmung, die man so gerne
auf dem Gesicht eines Seelenhirten zumal am Kran-
kenlager lesen mögte.... Aber, ach! ich bin ein
schlechter Physiognomist.... Nein, er hat ihr
schön vorgebetet, und gesagt, daß sie ihm alle alle
Worte nachsprechen soll, das sie auch treulich gethan;

aber doch hab' ich bemerkt, daß sie meist lieber ihre eigenen Worte gebraucht hätte. — O ihr hochgelehrte Herren, dacht' ich, ihr Formularen = Gesetz = und Predigtenmacher, ewige Verlanger daß alle Welt euch nachbeten soll! seht doch einmal ein, wie jedes noch so arme Geschöpf seine eigene Weise — eben so gut wie ihr — und bis ans Thor der Ewigkeit liebt. Und dann jenseit des Grabs, weißt ihr's etwa gewiß, daß dort keine Verschiedenheit mehr statt findet, jedes Feld nur Eine Farbe hat, und in jedem Wald nur Eine Stimme ertönt? — Oder vielmehr, ihr Vielwisser, wißt ihr es nicht, daß schon hienieden — und ich denke auch dort oben — nur das Streit bringen kann, wenn einer dem andern — das Seine nehmen will.

Der zwepte Gegenstand war eine verrückte Person, die indessen überall unter den Leuthen herumgeht, und ihre gewohnte Arbeit verrichtet; aber alles lachend thut, selbst Dinge, wo andre lieber wainen möchten, oder wo sonst gar nichts zu lachen ist. — Nun weiß ich nicht, wie es kömmt; dieß Geschöpf erweckte zwar meine Theilnahme, aber nicht ein eigentliches Mitleid. Denn immer mußt' ich denken: Dir ist doch recht wohl, armer Erdensohn! und wär' es einem jeden, der so alles anlachen — so gleichsam in die Welt hineinlachen könnte. Wenn man ihn lobt, lacht er; wenn man ihn schilt, lacht er; wie würd' er erst lachen, wenn man ihn prügeln würde. — Wahrhaftig, wer nur zu Allem lachen könnte! —

Ich nehme das einige Gelächter der Gottlosen über das Unglück ihres Nächsten aus.

18. März.

Ist's denn dem Menschen nicht gegeben, glücklich zu seyn, auch wenn er's seyn könnte, und müssen wir immer unser Glück selbst verhudeln? Wie viel hab' ich mit mir zu thun, mich im Gleise der Mittelstrasse zu halten, wo meist unser wahre Wohlstand blüht. Und dann seh' ich allemal viel geschwinder, wo andre über ihr Glük herstolpern, als wo ich mein eigenes verfehle. Und so noch mancher wäre glücklich genug, wenn er's nur wüßte; weißt er's aber nicht, was hilft es ihm? — Wohl dem Menschen, der sich sein Schicksal nicht selber macht, aber mit dem zufrieden und froh ist, was ihm der Himmel bescheret hat. Wo er steht und geht, liegt schon ein Glückelgen am Wege für ihn, und wartet nur, um gebraucht zu werden.

21. März.

„Gott ist Richter, und das ist recht"! sagt auch so mancher Haberecht; und das hängt auch mir an. Aber wer möchte ein Mensch seyn, und immer mit Unrecht abziehn? Ei warum nicht? Gott ist Richter; und wer aus diesem Grunde nachgiebt, hat immer recht. Auch von einem weisen Manne sollst du dich gerne belehren lassen; denn Gott hat ihn zu einem solchen Manne gemacht. Aber freylich, sich von dem ersten beßten herrschsüchtigen Geiste des einen oder des andern Geschlechts, ohne Verstand, ewig hofmeistern lassen, immer zu allem Ja und Amen sagen, das thut, auf Ehre! kaum ein Esel, und nie kein Mann. Aber, heißt es: „Selbst das ist Hochmuth, „auch von einem Bettler muß man guten Rath hören." Ganz recht, von einem Bettler — aber, auch von einem Narrn? — „Alles muß man prüfen, und „das Gute behalten." Wieder recht. Aber wo so viel zu prüfen, und so wenig zu behalten ist? — „Ach! man muß nicht so alles auf die hohe Achsel „nehmen, vieles auch so zu dem einen Ohr hinein „und zu dem andern herausgehen lassen; oder, wenn „man sich's nicht getraut, auf die Seite gehn." — Ja! aber wenn man einem mit seinem donnernden: Bleib da! verfolgt; die Zeit abpaßt, wo man nicht fliehen kann, und die Predigt verspart, bis man gern essen will, oder schlafen soll; oder arbeiten sollte, oder von der Arbeit bey einem Pfeifgen ausrasten möchte, und seinen Gedanken nachhängt — und dann kömmt so eine Schnatterbüchse uns quer in die Straße, und haut einem so recht ins Gesicht hinein; auch ein Lamm müßte da das Fieber kriegen.

Ich will mich dafür abstraffen lassen, wenn ich je in meinem Leben irgend eine Seele mit strengen Befehlen geplagt, oder mit sauerm Gesicht und in gebieterschem Ton jemand das Gesetz geprediget habe. Doch, ich will schweigen: „Gott ist Richter, und „das ist recht"!

13. Aprill.

Heute vor acht Tagen gieng es nach Glarus, das erstemal in meinem Leben; eigentlich meiner Geschäfte wegen; aber diese waren denn doch nicht mein Hauptaugenmerk, sondern die sonderbaren Naturseltenheiten dieses merkwürdigen Landes, von denen ich schon vieles gelesen hatte, das ich mir denn aber doch bey weitem nicht so vorgestellt, wie jzt, da ich es mit Leibesaugen erblicken konnte. Ein enges Thal, zu beyden Seiten mit himmelhohen Felsen eingemauert, die meisten von wunderbarer Figur; Schichten auf Schichten gelagert, bald in horizontaler, bald in perpendikularer, bald in schiefer Richtung; hie und da eine ungeheure Masse, nur von einer Ecke, an die andere wie angeleimt, herabhangend, und alle Augenblicke den Einsturz drohend; andre so steil, daß die Sonnenstrahlen fast senkrecht drüber hinabfallen. Bis in die Mitte sieht man noch Tannen, Buchen und Gesträuche, und aus bemoosten Klippen hervorstrudelnde Wasser; von da aber bis über die Wolken hinauf weiter nichts als Schnee und kahle Felswände. Ich gieng hart an einer solchen vorbey, von welcher eben mächtige Stücke freylich unendlich hoch über meinem Kopf sich losrissen, mit entsetzlichen Geprassel herabzurumpeln anfiengen, aber, ehe sie zur Hälfte unten gegen das Thal angelangt, mit wiederhallendem dumpfem Getön in irgend einer Vertiefung stecken blieben. Nahe an dieser Stelle hackte ein Mann, der des Dings beſſer als ich gewohnt ſeyn mochte, Stauden ab, ohne ſich nur einmal umzuſehn.

Wir haben auch hohe Berge in unſerm Land, aber wahrlich Zwerge gegen dieſe Coloſſen, bey deren Betrachtung man das Denken und Staunen ordentlich ſo abſtumpfen kann, daß man's empfindet. Wie, dacht' ich oft auf meiner Straſſe, ihr ſchrecklichen Ungeheuer von unausdenklicher zahloſer Centnerlaſt: Wie? hat euch die Hand der Allmacht auf einmal hiehergeſchleudert, oder ſeyt ihr nach und nach durch den Einfluß von Oben ſo hoch emporgewachſen? Oder, ſeyt ihr von Ewigkeit her dageſtanden, und hat der Höchſte etwa nur das Bischen Erde auf und neben Euch hingeſät? Oder ſeyt ihr aus dieſer letztern hervorgewachſen wie ein Huhn aus dem Ey? — Aber dazu ſtehet ihr mir zu ſtolz da, und zu hoch über eure Mutter erhaben. . . . Freylich findet man auch tauſend Dinge, welche höher als ihre Mutter wachſen. — Oder vielleicht ſeyt ihr einſt vom Waſſer herangeſpühlt worden? Aber, woher doch? — So ſann ich hin und her, und endlich beſann ich mich, daß ich — ein Thor ſey. Mögen immer die Naturforſcher ihre Köpfe an dieſen Felſen zerbrechen — zumal die, welche weder Weib noch Kinder haben — Ich muß dem meinigen ſchonen.

13. Aprill.
(An meinen Sohn.)

Wenn wir zum erſtenmal in der Welt auftreten, mein Kind! und ein wenig zu denken anfangen, dann mahlen wir uns oft einen anmuthigen Weg durch die Welt für; und wenn wir schon sehen, wie unsre Nebenmenschen rings um uns her auf einem mühsamen Pfade kreuchen, so denken wir: Ha! den werden wir nicht betreten, keine Narren seyn, und solche ungehobelte Strassen einschlagen. Aber die Erfahrung belehrt uns nach kurzen Jahren ganz anders, und zeigt uns im Fortmarschieren, daß die meisten aus uns schon damals auf der schlimmen Strasse stuhuden, als sie obige Sprache redeten, aber kurzsichtig und albern genug waren, nicht gerade vor sich zu sehn, sondern immer auf blumenreiche Nebenwege zu schielen, die — nicht da sind, sondern nur in ihrer Phantasie bestuhnden. — Aber dann, mein Sohn, wenn wir uns dergestalt betrogen finden, einmal über's andre stolpern, hie und da gar in ein Tobel purzeln, oder, wenn's noch gut steht, trübe Wolken über unserm Haupte hängen, es um und um finster wird, und wir des Abends zwar mit heiler Haut, aber todtblaß vor Schrecken ins Quartier gelangen — dann schweifen wir unerfahrene Geschöpfe wieder auf der andern Seite aus, verwünschen unser Schicksal, fallen in Zweifel und Unglauben, wenn wir zumal gewahr werden, wie hin und wieder einem lustigen Bruder, der sich nicht so genau an den Catechismus bindet, alles nach Wunsch gelingt; bis endlich lange Erfahrung von der eigentlichen Beschaffenheit irrdischer Dinge hinzukömmt, von der ich dir übrigens heute nicht ein Weites und Breites vorpredigen will, das du selbst erfahren mußt — sonst wär' es ja keine Erfahrung, und dir wahrlich

wenig

wenig nütze. Nur so viel, wenn dein Kopf helle, und dein Herz wohlbestellt ist, wird sie dich die grosse Kunst lehren, stets fröhlich zu seyn, so gut es nach den jedesmaligen Umständen möglich ist; wird dir ihren Unterricht jedesmal mit wenigen aber treffenden Worten ertheilen; wird dir deine Dummheit zeigen, dich so lange an der Nase herumführen zu lassen, in aller Welt das Glück zu suchen, welches du in deinem eigenen Busen gefunden hättest. Aber, bis du's — erfahren, wirst du mir eben auch das nicht glauben, mein Sohn. Und somit, wollen wir dießmal scheiden.

14. Aprill.

Bald schäm' ich mich der schönen Lehren, die ich gestern meinem Sohn gegeben. Denn nicht wenig hätt's gefehlt, wär' ich heute wieder einmal in den alten Unmuth versunken. Will's denn noch nicht ganz helle in dir werden; lebt doch sonst alles in der Natur um dich her, so herrlich und so froh, wie von neuem auf. Sieh', wie des Kirschbaums Blüthe dort dir einen holden Silberblick giebt! Horch', wie jenes Vögelchen dir die Pflicht, dich zu freuen, gleichsam vorspielt! — — Schäme dich!

18. Aprill.

Heute will ich, da meine Geschäfte es mir vergönnen, einen der schönsten Frühlingstage, recht nach Wunsch geniessen — und ihn nicht beschreiben.

23. Aprill.

Du bist wohl eine glückliche Frau (sagte neulich eine unsrer Nachbarinnen zu meiner Schwägerinn);

dein Mann ist die beßte Seele von der Welt. Nein, ordentlicher, gesetzter, gefälliger kenn' ich keinen. Ja, ja (erwiederte meine Schwägerinn) gut und böse, nachdem die Stunde ist. Gerade so, auf Ehre! dacht' ich, steht's im Kalender von den Aderlaßtagen; mir aber deucht's, daß man's von den meisten Menschen weit eher sagen könnte. Denn den möcht' ich auch sehn, der alle Tage gleich gut wäre; nur wechselt's bey den einen nach Tagen, bey den andern nach Stunden, bey einichen gar erst nach Wochen u. s. f. ab. Was mich betrift, bin ich wenigstens nie etliche Tage hinter einander gleich. Und — das versteht sich — nach dieser Laune richtet sich dann mein Urtheil über Menschen und Dinge um mich her — oder vielmehr über alle Dinge in der Welt. Und doch, wenn ich nachdenke, ist sie immer dieselbe, wenn ich sie nur mit denselben Augen erblicken könnte. Dann werd' ich bös auf mich selber. Und doch hab' ich freylich noch keinen gekannt, und wenn es auch der steifste, kaltblütigste Esel wäre, der nicht dergestalt seine Stunden hat. Auch, deucht' mich, sollte man säuberlicher mit dem Menschen fahren, wenn ihn so die böse Stunde befällt; ist er ja ohnehin übel genug daran, ohne daß man ihm die Hölle noch heisser mache. Dieser seltenen Christenpflicht, andern ihre bittern Tage zu versüssen — und sollt's auch nur mit einem freundlichen Blicke seyn — werd' ich mich wenigstens immer mehr befleissen; denn freylich hab' ich es darinn, so wie in mancher andern Pflicht, eben noch nicht hoch gebracht. — Hiernächst, selbst in den bessern Stunden, wie ungleich beurtheilen wir auch da, sogar unser eigenes Thun. Bald dünkt uns das Wichtigste eitel, ein andermal jede Kleinigkeit wichtig. Gestern und vorgestern z. B. hab' ich aus bloßer Vorsorge zur Erhaltung des größten aller irrdischen Güter, meiner Gesundheit, Medizin in Menge verschluckt. Heute kömmt mir diese Vorsicht lächerlich vor; und wie ungereimt wird es mir erst Morgen scheinen, daß ich heute meine Leser mit dieser Armseligkeit zu unterhalten nicht mehr Scheue getragen. O, wer eine Geschichte des menschlichen Herzens schreiben wollte, müßte so viele Charactere schildern als Steine in allen unsern Bächen sind.

27. Aprill.

Wie gesagt, seit einigen Tagen muß ich wirklich etwas unpäßlich seyn, da mich wenigstens die stete Furcht plagt, es nächstens zu werden. Indessen genoß ich doch gestern eines der süssesten Augenblicke meines Lebens. Ich war ganz schwermüthig von Haus gegangen. Meine vierzigjährige Reise durch die Welt, mit allen Klippen, Einöden und Labyrinthen, in denen ich mich verirret hatte, und wo ich itzt noch keinen Ausgang sah', schwebten mir lebhaft vor Augen. Ich wainte wie ein Kind. Plötzlich ward es hell in meiner Seele. Ich langte eben auf dem Haupt eines sonnigten Hügels an. Mir war's als ob Gottes Vorsehung in menschlicher

Gestalt vor mir stühnde, und mit holdseliger Stimme mir zurief: „Mein Sohn, wer hat dir da, „und da, und dort durchgeholfen." Da öffnete sich, wie eine Rose dem Thau, mein Herz dem feurigsten Dank.

2) May.

Willkommen holder May, Jugend des Jahrs, wo alles lebt, und sich allen unsern Sinnen wieder wie verjüngt darstellt! Warum zittert ihr bisweilen vor der Stille des Grabs, meine Brüder? Seht, o seht, wie alle diese Schönheiten sich auch aus Gräbern enthüllen! — Schon vierzigmal in meinem Leben hast du mich entzückt, goldne Zeit! O könnt' ich dich mahlen, oder wär' ich ein Sänger, deiner Reitze werth. Doch, mir genüge es, dich zu fühlen! Sanftthauender Himmel, der jzt so viele Wunder vor meinen Augen schafft, bethaue auch meinen Geist, daß er von dem Wonnegefühl dieser neuen Welt überfliesse, und meine Kinder noch Tropfen auf diesem Blatt finden, zu Zeugen meines innigsten Entzückens.

4. May.

Lieber May! Dieß Jahr will ich dich von Tag zu Tag beschreiben*); wer weißt ob es nicht mein letzter ist? Bin ich doch ein schon zur Verwesung eilendes Korn! — Aber eben darum will ich fröhlich seyn, so viel ich's noch vermag; will die labenden Frühlingslüftchen in meine Brust einziehen, mich von den tausend schönen Farben freundlich anlächeln, mir die reitzendsten Conzerte nach Herzenslust vorsingen lassen — in dieser heiligen Stille, wo nichts sich regt, als was mir Freude bringen kann.

*) Leser, fürchte dich nicht! — aber darum nicht alle meine herrlichen Beschreibungen drucken lassen.

7. May.

Holder erquickender Abend! Möchte sich mir noch mancher Tag so enden wie der heutige. Am Morgen hatt' ich, unter ziemlich schwerer Arbeit, mit Unmuth gekämpft, und den Mittag phlegmatisch verträumt; aber der Abend hat alles reichlich ersetzt. Ich gieng noch bey hoher Sonne, längs der Thur, zu meinem Schwager. Alles blickte, lachte, sumste mir Wonne zu. Der Strom wälzte sich zwischen Ufer, die durch ihre mannigfachen Reitze, Augen, Ohr, Geruch, alle meine Sinnen berauschten. Auf den blühenden Bäumen war alles rege. Beym Rückwege in stiller Dämmerung hatte ein herrliches Abendroth die Landschaft noch schöner gemahlt. Die Vögel waren schon im Quartier, und sangen ihr sanftes Abendlied. So gieng's nach Hause. Ich genoß meiner Freude über Himmel und Erde noch ein Paar Stunden lang, und wünschte dann jedem Erdensohn gute Nacht, so herzlich als mir selber.

9. May.

Mein Sohn Jakob ist krank. Gestern noch sprang der Knabe im Grünen herum wie eine Geiße. Heute liegt er da, und krümmt sich wie ein armes Würmchen. Ein Feuer lodert in seinem Busen, daß es dämpft — das junge Blut zappelt ihm durch alle Glieder — es poltert in seiner Brust. Er sieht aus wie der Tod, und riecht schon nach der Verwesung.

10. May.

Mein Jakob wimmert. Sein Geächze durchschneidt mir das Herz. Ach! mein Kind, du zitterst zurücke, wenn du den Tod nennen hörst. Thränen rollen über dein kaltes Gesichtgen. Heilige Unschuld! wüßtest du alles, du würdest nicht zittern. — Aber es ist doch ein schauervoller Sprung!

11. May.

Heute beßert's ein wenig Aber die Todtenbläße sitzt ihm noch auf dem Gesicht. Ach! wir werden ihn doch verlieren, noch so jung und zart, wie die tausend Blümchen draußen, die freylich auch kaum den Abend ihres Geburthtags erleben. Und vielleicht würde der Knabe der Welt so wenig nützen, als ich ihr genützt habe; er ist gar zu sehr nach mir gebildet. Aber er sollte mir, dacht' ich, eine Stütze in meinem Alter seyn. Doch der Herr wird's wohl machen. Ach! wie ist's mir heute so schwer, und doch die ganze Natur so schön — so traurig schön!

12. May.

Ich hoffe, er ist gerettet! Wie mir diese Hoffnung wieder so wohl um's Herz macht! Wie mir Denken und Thun heute so leicht wird! Wie ich mitten unter dem Herannahen eines starken Ungewitters wieder mit Lust mein Gärtchen baute; einzig weil ich dachte: Der kleine Jakob kann noch mein Erbe seyn.

13. May.

Der Himmel klärte sich gestern Abend noch so schön auf. Die Vögel fiengen bald wieder aus voller Kehle zu singen an. Die erfrischten grünen Teppiche des Landes dampften so lieblich! Dann folgte die hellste holdeste Mayennacht. Aber heute schweben schon wieder Wetterwolken, gleich majestätischen Triumphwagen, über unsern Häuptern. Wie's dort, gegen dem Thurgau hinaus, immer dunkler wird! Ha! siehst's? Blitz auf Blitz! Gott behüte! — Bey uns — welche Huld! — löst sich das schwüle Gewölk in einen sanfterquickenden Regen auf. Hinaus, hinaus zum Dank und Lobpreisung! ...

14. May.

Heute hatten wir die Stube voll zum Theil sehr unwerther Gäste, die sich, dem Vernehmen nach, über Jakobs unerwartete Herstellung mit uns freuen wollten. Und doch, wurden da nichts als Kühe und Geissen, Mehlsuppen und Weiber abgehandelt.

15. May.

Heilige Natur! Ihr jungen Schönheiten all, jeden Morgen seyt ihr mir neu. So, denk' ich, wird's auch im Himmel seyn: Immer neu, und immer schöner. Ich konnte in Geschäften abermals den Weg über meine Lieblingsberge nehmen. Da gieng es erst über einsame Helden hinauf; dann durch den dunkeln Wald. Berg und Thal erklang von den anmuthigsten Tönen. Auf den Tannen sangen der Staar und die gelbschnablichte Amsel muthig den Himmel an. Hier durchhüpfte die Nachtigall ein dichtes Gebüsch, und schlug vor sich her ihre hochhellen Lieder. Dort verlor sich ein Heer steigender Lerchen einen Augenblick in hohen Lüften, ließ sich dann sanft wieder nieder, und trillerten in die Wette; die Grasmücke und der Emmerling stimmten emsig drein, was sie konnten. Hier zwitscherte der kleine Zaunkönig über alles schön; dort belustigte das Waldröthelchen Aug' und Ohr. Gott! wer giebt diesen Wundergeschöpfen Stimme, Willen und Muth, selbst die Einöden zu entzücken, als du, so mächtig und doch so freundlich in allen deinen Werken. Und hier der grosse Ameishaufen — Wie diese Nation von 25. Millionen Gliedern unter sich so einträchtig ist. Wie da alles gemeinschaftlich über Kopf und Hals in Kreuz und Queer durcheinander arbeitet, und doch ein jeder seine Pflicht weißt! Ich möchte wohl einmal in deine Magazine mitten hinein sehn — Aber nein! ich will dir's nicht zerstören, du einsames friedliches Völkchen: Du hast sonst Feinde genug; doch dein Fleiß siegt über alle. — — Und hier hier! Nein hier! eine ganze Gesellschaft Frauenschühchen. Weiß nicht, kennen dich die Könige oder nicht? Denn warum hältst du dich nicht in Ihren Gärten auf, sondern lebst lieber hier im einsamen Wald, einzig vertraut mit Deinesgleichen? Komm doch in mein Blumenbeet! Ich will deiner warten und pflegen so sorgsam als je einer stolzen Tulpe. Doch, nein! du liebst die Stille, und wenig Gespielen; prangst hier alle Jahr' auf diesem Plätzchen etliche Tage in deiner harmonischen Bildung, und biegst dich dann wieder in den Schooß deiner Mutter. Nein! ich kann nicht von dir weichen, kleine, bescheidene Schöne! O der feinen Stängelchens! Hinan ein grünländlichtes Blatt an dem andern. Und zu oberst, wie dein braunrothes Krönchen von vier

Blättern sich so demüthig herabsenkt! Mitten in dieser Krone ein göldnes Pokälchen, inwendig roth= besprengt; und die zwey artigen Züngelchen in deiner Kehle, du angenehmes Wunderblümchen du!

19. May.

Noch kränkelt mein Jakob immer ein wenig. Und doch muß es heute auf ein Paar Tage geschieden seyn. Ein unverschiebliches Geschäft ruft mich nach Herisau. Ich hatte vier Reisegefehrten. Einer ein artiger Junge. Von zwey Schleichhändlern aus dem Zürchgebiet, der eine auch ein ganz ordentlicher Mensch, der andre ein lustiger Caressirlimmel der alle Weibsleuthe angriff. Dann ein Glarner, ein verlogener Großhans, der uns mit unaufhörlichem Herzählen seiner Heldenstreichen quälte, und mich immer beym Arm zupfte, wenn ich nicht fleissig ge= nug zuhören wollte. Da wir ihm keinen Titul ga= ben, weil wir keinen wußten, sagte er uns selber: Wie man ihn sonst überall Herr Wachtmeister schelte; wie er mit den Grossen Herren im Land Dutzbruder sey: Ja! wir sollten ihm nur recht ins Gesicht sehn; wenn er schon einen geflickten Kittel trage, stehe er G. L. auf guten Füssen. Meine übrigen Gefährten ruften Wind herbey; und pfiffen eins; ich sah' Tannen und Buchen, und horchte auf den Gesang der Vögel. Endlich in Schwellbrunn ver= lor sich der Kerl, ich denke ans Aerger über seine unachtsamen Zuhörer. — Meine Geschäfte zu He= risau giengen so gut, wie ich mir's eingebildet; und dann hatt' ich noch einen Abend oben drein,

wie es ihrer wenige giebt. Man erinnere sich noch
eines gewissen Cäthchens*), die vor 22. Jahren
meine Liebste war, von der ich lange Zeit nichts
mehr gewußt, dann zuletzt dieselbe vergessen, und
endlich zufälliger Weise erst vor wenigen Wochen
erfahren, daß sie in Herisau mit ihrem Mann eine
Wirthschaft führe. Wo hätt' ich dießmal anders
einkehren sollen? Flugs lief ich also, so bald ich meine Handelsaffairen abgethan, mit pochendem Herzen
hin, und traf sie, nebst ihrem Eheherrn, und einem
Büschel Kinder rings um sie, in erwünschtem Wohlseyn an; freylich, Himmel! wie entstellt, aber doch
noch hübsch genug nach zehn Kindbetten. Sie be-
willkommte mich wie einen andern Gast, und kannte
mich anfangs nicht. Dann nannt' ich sie beym Namen und Geschlecht. Sie. Wie ich sie kenne? —
Ich. Ob sie denn mich nicht kenne? — Hier sah sie
mich starr an: Ob ich nicht ehemals schwarze Schnäutz-
gen gehabt? — Ich. Ja freylich. Itzt schlug sie die
Händ' überm Kopf zusammen. „Ist's möglich",
rief sie überlaut, und dann (ihr Mann war immer
gegenwärtig) unter der Stimme: „Könnt' ich nur
„einen halben Tag mit dir reden"! Dabey hatte
sie noch die Unbefangenheit, mich ihrem Gemahl
wirklich vorzustellen: Das sey ihr erster Liebhaber,
von dem sie ihm schon so oft gesprochen habe. Dann
gieng ich für eine Weile weg, kam aber bald wieder,
und fand nun Cätchen allein bey Hause — Wie
das gekommen seyn mochte? — Itzt zählten wir

*) S. Leben S.

einander alle unsre Schicksale her, und ruften das
ehemalige Wonneleben in unser Gedächtniß zurück:
Ich, wie ich vor 22. Jahren sie, eines Tags, gleich
einem reitzenden Veilchen am Weg gefunden, und
unter hundert andern Mädchen die mit uns ab
einem festlichen Anlaß nach Haus zogen, mir aus-
gesöndert; wie sie sich so zutrauensvoll an meinen
Arm geschlungen, u. s. f. Wie wir uns dann geliebt,
und warum sie sich von mir trennen mußte. — Sie:
Wie ich sie gleich einem Kind gehalten, wie ich ihr
ganzes Herz besessen, den Tag ihr nie aus dem
Sinn gekommen, und des Nachts mein Bild ihr
stets in süssen Träumen vorgeschwebt; wie sie dann
mit verweinten Augen aufgestanden, aber eben dafür
bald alle Morgen von ihrer Stiefmutter geprügelt,
und endlich von derselben zu einer Heurath gezwun-
gen worden, die so nicht die schlimmste, aber auch
nicht die beßte sey, u. dgl. — Jzt erinnerte ich mich
wieder jedes gegebenen und empfangenen Kusses,
u. s. f u. s. und was ich nicht mehr wußte — das
wußte sie. Das war ein Seelenvergnügen für uns
beyde; und Gott weiß! wie unschuldig; und Er verzeihe mir's, wenn ich, ohne mein Wissen, daran
Unrecht that!

20. May.

Wie dort das herrliche Licht der Welt mit seinen
unbeschreiblichen Reitzen, nach einer kühlen Nacht
wieder so erquickend für mich und alle meine Mitge-
schöpfe, am Horizont heraufsteigt! Wie sorgenfrey der
Mensch seyn, und sein Geschäft hienieden treiben

kann! Denn du, beßter Vater der Menschen, sorgest für ihn. Schon so viele tausend Morgen hat mich diese Sonne entzückt, mein Herz und alle meine Sinnen neu belebt. O könnt' ich's doch bald meinen Kindern sagen — aber sagen hilft nichts; sie müssen's erfahren, fühlen und sehen — wie freundlich der Herr ist!

Ach! nur Eins, liebe Sonne! Lehre mich so ruhig meine Bahn wandeln, und weder zur Rechten noch zur Linken mich umschau'n, gerade wie du es thust.

23. May.

(Pfingstfest.)

Heute giengen unser drey, über die anmuthige Höhe, auf Krynau, um dort das H. Abendmal zu geniessen; der nämliche Ort, wo ich meinen frühesten Religionsunterricht empfangen, und das erste mal zur Communion gelassen worden. —Ich erinnre mich noch ganz gut, es war ein allerliebster Frühlingstag wie der heutige. O wie heimelte*) mich alles an; jedes Plätzgen, jeder Baum, die ich seit 30. Jahren her kannte, wo es mir so wohl war, und ich so munter, wie ein junges Füllen auf der Weide, durchs Leben hüpfte. — Und doch zugleich ist es mir wieder neu, dieses einsame Bergthälchen — das eigene Wölkchen — der eigene Ton seiner stillen Andacht. In der Kirche ward ich vollends bis zum Wainen weich, als ich dachte: „Vor 26. Jahren

---

*) Anheimeln, schweitzerscher Provinzialausdruck für: Sich seines frühern Aufenthalts an einem Ort, bey spätherer Rückkehr dahin, wieder (angenehm) erinnern.

„standst du auch so hier auf diesem Plätzchen, wurdst
„als ein junger Communicant vorgestellt, mußtest
„drey Stunden lang Red und Bescheid geben, von
„lauter auswendig gelerntem Zeug, wovon du kein
„Wort mehr weissest." Gott! wie kömmt's doch,
daß man in der Jugend so viel lernen muß, um es
wieder zu vergessen. Und doch hielt ich mich damals
für einen extra guten Christen, dem es nach seinem
Sinn wenig fehlte, er hätte noch andern predigen
können. Andächtige Gesichter zu schneiden, darin war
ich perse ein Meister ohne meinesgleichen. Doch
stieg bey dieser Gelegenheit auch mancher richtige
Begriff in meinem Kopf, und manche wahrhaft reine
Empfindung in meinem Herzen auf.

Als jtzt der Pfarrer den einfältigen ehrlichen Kirch-
pflegern das Brodt bot, und von ihnen je einer dem
andern, stellte ich mir jene Mahlzeit mit besondrer
Lebhaftigkeit vor, wie Jesus mit seinen Jüngern
zur Tafel saß, das Brodt brach, und der Kelch her-
umgieng — das Antlitz des Gottmenschen, und alle
die Nathanaelsgesichter einfältig und liebreich auf einander gerichtet — alle die ungeschriebenen Tischre-
den — das freundliche Fußwaschen — — O ihr
Jünger, mich wundert nicht, daß lange hernach
euer Herz brannte, bey der blossen Rückerinnerung
an diese Dinge!

24. May.

Heute will nun meine Gemahlin communiciren;
sie kollert gerad' jtzt im Haus herum, und alles
steht ihr am unrechten Ort — Kann sie doch nicht

anders — Ach! der böse Engel setzt ihr auch gar so
heftig zu. — Doch nein, ich thu' ihr unrecht. Gott
verzeih' mir's! Es ist wenigstens so viel Tugend an
ihr als an mir. Sie möchte mich gern bessern,
und Ich Sie; da ist's gleich. Jedes glaubt Recht
zu haben; da ist's auch gleich. Und im Grund haben wir beyde Unrecht; da ist's wieder gleich. Ich
fehle, und Sie fehlt. Wir rücken uns wechselseitig
unsre Gebrechen vor, und keines will die seinigen
eingestehn; abermals die vollkommenste Gleichheit. —
Nun, was soll ich thun? — Mich zu bessern trachten. — Ach! getrachtet hab' ich schon lange. Aber
das Ueberraschen, ehe man gefaßt ist, da liegt's.
Und dann, o ihr Schriftgelehrten und Pharisäer:
Es ist gut Geduld predigen, wo kein Kreutz ist;
und Friede wo einem alles zu Gebote steht. Macht
doch künftig nur Rühmens von solchen Speisen, die
euer eigene Magen verdauet hat.

26. May.

O wie lebendig fühl' ich's heute, was es heißt:
Alle seine Sorgen auf den Herrn werfen; und daß
es armseliger Eigendünkel sey, Gottes Welt, um
weniger Flecken willen, nicht noch immer schön genug
für unser einen finden zu wollen; lauter gute Menschen um sich zu verlangen, und selber nichts minder als der Beßte zu seyn. Ach! daß ich oft so
unartig bin; der ewigen Güte immer unter den
Händen zapple, und stampfe wie ein ungebehrdiges
Kind, wenn man's — waschen will. Aber, beßter
Vater! gieb mir Augen, daß ich deine Absichten

erblicken kann. .... Doch, ich muß ja nicht alles sehen: genug daß du es siehest, und ich dein unveränderliches Wohlmeinen weiß.

27. May.

Sich selber nicht mehr zur Pflicht machen, als Gott uns dazu macht; diese Pflicht zu jeder Zeit, wenn es seyn soll, leicht und munter erfüllen; jede Blume der Freude, die der Schöpfer uns an den Weg hingestellt hat, gerne, aber ohne Leidenschaft, im Vorbeygehn zu pflücken; dann zuversichtlich jenseit des Grabs hinüberzusehn — welch ein glückliches Leben ist das!

30. May.

Der Donner rollte gestern den ganzen Tag über unsre Alpspitzen hin; dann kam ein sanfter Regen, und tränkte die durstige Erde. Die angenehmste Nacht folgte; der Mond spielte herrlich schön auf die beträufelten Bäume. Der Boden duftete Wohlgeruch. — Aber heute rauchen schon wieder alle Berge; Nebel schleichen aus jedem Gebüsch herauf. Als ich diesen Morgen so herzvergnügt alle die abwechselnden Scenen beguckte, kam ein Weib aus meiner Bekanntschaft mit finsterm Gesicht auf mich hergegangen, und ächzte. Ich. Was ist's? — Sie. O Herr Jesu! Ich fürchte mich heut fast zu Tode. Was das vor gefährliches Wetter ist! Welch ein scheußlicher Nebel! Der bedeutet gewiß nichts Gutes. Ach! wie wohl ist's dem Heirechli *), den man heute zu Grab trägt; der hat nun nichts mehr zu fürch-

---

*) Schweizer-Diminutiv von Heinrich.

fürchten! Wenn doch nur einmal der Sommer vorbey wäre; ich wollte gern' um so viel älter seyn (sie hatte schon ihre hübschen Fünfzige). — Ich. Nicht so, Frau Nachbarinn! Lieber laßt uns die Sommerfreuden mit Herzenslust geniessen, und die Stimme des Herrn auch in seinem Donner mit Entzücken hören. — Sie. Elender Mensch! Ja! wenn man mackellos wäre. Denk! Gott ist gerecht. Wenn dich das Wetter erschlüge? — Ich. Ja Gott ist gerecht — und gütig; darum freu' ich mich daß Er Gott ist, und kein andrer; hüpfe bey jedem Gedanken an ihn, und bin aller seiner Werke froh'; dieses schönen Himmels, dieser fruchtbaren Erde, die trägt was sie tragen, was ihres Schöpfers Thau befeuchten, seine Sonne reifen, und sein Donner herausrütteln kann. Auch hab' ich ihm die Wege, durch die er mich zum Daseyn gerufen, nicht vorgeschrieben, und will ihm darum nicht minder getrost den Weg überlassen, durch welchen er mich wieder abrufen wird. — Sie. O du frecher, verwegener Mann! Bist du rein wie ein Engel? — Und wenn auch — Diese bedecken noch ihr Antlitz und zittern? — Ich. Weib! Weib! Menschen, engelrein? Wir wurden unterbrochen; sie murmelte noch etwas hinaus= und hineinwerts das ich nicht verstuhnd; schlich sich mit drohender Miene fort, als wenn sie mich gerne geschlagen hätte, und holte grundtiefe Seufzer aus dem dunkeln Unrath ihres Herzens herauf.

1. Jun.

Mein Jakob ißt, trinkt, schläft; und doch schwindet sein junges Fleisch von den Knochen. Der Arzt giebt mir wenig Trost. Ich will aufhören, ihn mit Medizin zu quälen, und ihn völlig der Natur überlassen. Sonderbar! Freudige Wehmuth zittert bey diesem Gedanken durch mein Innerstes. Ach! er ist so gelassen, hat noch seine fröhlichen Weilchen; dann frägt er wieder allen Leichen nach; lallt kindlich vom Tod und Grab, u. s. f. Das ist eine heilige Krankheit!

2. Jun.

Der Himmel staunt, als ob er nicht wisse, was zu thun sey. Die Sonne blickt tief durchs trübe Gewölk hindurch, wie in ein Trauerkleid eingehüllt. So auch meine Seele. Das arme Geripp meines Sohns hüstelt allgemach die seinige von ihrem armseligen Gehäuse los. Aber, wohl mir! So lieblich hab' ich die Stimme noch nie gehört: „Lasset die „Kinder zu mir kommen"! — O, ich will dich lassen, mein Sohn! — kömmst du doch in die beste Hand — und dir mit hurtigen Schritten folgen.

4. Jun.

Die Witterung hat sich aufgeklärt; der brave Ost hat die dunkele Hülle in grosse Wolken zusammengetrieben, und das angenehmste Blau lacht zwischen durch. Mein Jakob befindet sich heute auch wohl, und ich hätte grossen Hang, recht aufgeräumt zu seyn, wenn es mir nur nicht an der Zeit gebräche. Und dann ist ein Bißchen Ernsthaftigkeit immer besser für mich. Inzwischen darf ich von mir rühmen, in meinen Anwandlungen von Lustigkeit nie so sehr ausgeschweift zu haben, daß ich damit ein Menschenkind beleidiget hätte; und das freuet mich noch jtzt. In rappelköpfischen Tagen ist's weit eher geschehn; und das ist mir jtzt noch leid.

5. Jun.

Heute geht's wieder einmal nach Ganterschweil, wo ich meine Weber und Spinnerinen habe. In diesem Dörfchen giebt's noch altächte Tockenburger, die ich allemal mit Vergnügen betrachte; da ich unsre Väter und Großväter an ihnen zu erblicken glaube: Jenes ehrwürdige Ansehn, wenn sie so in ihrer alten Schweizertracht vom Feld hereinkommen, und diese bäumige Männer mit harten geraden Knochen, die heiterste Zufriedenheit auf ihrem braunen bartigten Gesicht, sich auf die Schmiedbrücke setzen, ihr Pfeifgen schmauchen, und mit roher Baßstimme von der Bestellung ihrer Felder und ihren Zugochsen discuriren. Wer kann's ihnen verargen, daß sie ein Bißchen lachen, wenn dann so ein feines blasses Weibergesicht von ihrem oder von dem andern Geschlecht bey ihnen vorübergeht?

6. Jun.

Mein Kaufhandel ist eine Kleinigkeit, und doch fällt er mir in dunkelen Stunden so lästig, daß ich alsdann hundertmal lieber mit einem Bauernknecht das Feld pflügen wollte: Erstlich, weil ich dazu nicht geschickt genug, hiernächst allzu leichtgläubig bin, und endlich mit so viel widrigen Leuthen zu thun haben muß; welches mich alles bisweilen so verwirrt macht, daß ich mich lange Zeit nicht erhohlen kann. Aber, sobald sich das Gemüth wieder ein wenig aufheitert, und ich nüchtern nachzudenken vermag, dank' ich der gütigen Vorsehung warm und herzlich für meinen noch so geringen Beruf; nicht bloß deswegen, weil ich meine Knochen dabey minder als bey manchem andern anstrengen darf, (denn dafür muß ich meinen armen Geist desto mehr plagen) und ein Bißchen besser leben kann; sondern wahrlich auch für die Gelegenheit, in meinem kleinen Wirkungskreis ein wenig der Welt zu nützen, und, nebst meinem eignen ärmlichen Hauswesen, noch manchem andern meiner Nebenmenschen einen Bissen Brodts zu verschaffen. Freylich würd' es elender Hochmuth seyn, wenn ich dächte: Durch andre könnten sie's nicht so gut als durch mich bekommen. Aber doch scheint es mir immer rühmlicher, wenn andre etwas durch mich gewinnen, als wenn ich ganz nur für mich, oder gar bloß auf andrer Unkosten zu leben hätte. Aber dann weiß ich's freylich nicht, ob ich mir's zum Ruhm oder zur Schande rechnen soll, daß ich meist gegen meine eigenen Vortheile so gleichgültig, zum Markten, zum Schulden eintreiben u. s. f. untauglich bin, bis ich etwa nicht mehr weiß, wie ich meinen eignen Gläubigern Bescheid geben, und nicht zum Lumpen werden soll. Doch auch in diesem letztern Fall werden sich noch Wenige über meine Härte beschwert, aber desto mehrere mit meiner Blödigkeit ihr Gespött getrieben haben. Sey es – so war es ihnen wohl dabey, und mir nicht gar übel.

7. Jun.

Heiliger Tag, festliche Stille! Berg und Thal ruht in wunderschöner Pracht um mich, meine Seele trinkt Wonne von allen vier Winden her. Ich möchte mich in allen diesen Herrlichkeiten herumwälzen, wie ein junges Fülle im Grase; denke nicht an alles Vergangene, noch minder an die Zukunft, aber koste desto stärker die Gegenwart, und danke dem Wesen, das mein Gefühl und meine Einbildungskraft so stumpf für die unausweichlichen Uebel in seiner Welt, und hingegen meine Sinnen so lebendig für den Genuß aller seiner Güte geschaffen hat.

8. Jun.

So wohl, und doch nicht ganz recht, ist mir's heute. Die Heuerndte ist angefangen; alles zappelt und schwitzt. Ich denke: Nun will ich mir was Rechtes zu gute thun, und in meiner kühlen Kammer mein Garn zetteln. In ältern Tagen hab' ich wohl 30. Jahre Gras abgemäht; itzt wird's nicht Sünde seyn, wenn ich einmal im Schatten mein Brodt verdiene; besitz' ich doch keinen Fußbreit Wiese, und habe weder Theil noch Erbe an allem Heu. Warum kann ich denn nicht vollkommen ruhig seyn? Ich denke darum: Noch weiß ich, wie's mir war, wenn ich so den ganzen langen Gottestag in der Hitze schmachten mußte; itzt meyn' ich, müßt'

ich den Leuthen helfen, und bin doch zum voraus
überzeugt, daß ich es nicht mehr aushalten könnte.

13. Jun.

An der Erde hängen — Freylich! Woran sonst,
wir armen Erdensöhne? — Ja! aber doch den Geist
zum Himmel erheben? Ganz recht, wenn er nur
nicht so bald wieder zurückkäme. Wohl flattert er
oft bis an das blaue Gewölbe hinauf, an welchem
des Tags die Sonne strahlet, und des Nachts Millionen Sternen funkeln; bringt auch bisweilen ein
Stück Wegs drüber hinaus. Aber dann verirrt er
sich in öden Gegenden, und sinkt ermüdet wieder
zu Boden. Nun flattert es auf's neue, vergnügt,
auf seiner irrdischen Fläche herum wie die Schwalbe,
und wagt es nicht mehr so leicht, höher zu steigen
als die Augen tragen. Thut er übel daran? Ist
denn nicht diese Fläche jtzt noch sein Wohnort, und
die Sphäre gerad' über seinem Kopf ihm noch nicht
bekannt genug? Was will er vor der Zeit sich weiter bohren? — Aber, heißt es nicht: „Habe deine
„Lust an dem Herrn"! Und der wohnt im Himmel?
Ja, aber es heißt auch: „Die Erde sey ein Schem-
„mel seiner Füße." Da ihn anzubeten, im Geist
und in der Wahrheit, darf uns, denk' ich, einstweilig genügen.

17. Jun.

Die widrigen Zufälle dieses Lebens, denk' ich oft,
gehen ihren Gang, wie das Wetter. Da hilft kein
Klagen nicht, und Klugheit leider meist wenig. Gewöhnlich meynt man, die Witterung in dieser sicht-
baren Welt habe so starken Einfluß auf unser Ge-

muth; ich glaube, es sey die Witterung in der Geisterwelt, die ja auch ihre Wolken, Nebel, Sturm, und dann wieder Sonnenschein haben kann; doch mögen beyde wohl an einem unbekannten Orte zusammenhängen, wie Asien und Amerika; denn bald kömmt uns das Elend aus dieser, und bald aus jener hergeflogen.

24. Jun.

Dort fährt Nachbar Fritze mit einem Fuder Heu mitten durch seine Wiese, und hält es aus allen Kräften — auf ebenem Boden — daß er nicht umwerfe. O verlorene Arbeit! dacht' ich; würde doch der Wagen ohne dieß richtig zur Scheune gehn, und Fritz könnte ruhig hinten nach spaziren. — Aber, überlegt' ich dann weiter, warst du nicht oft ein gleicher Narr, Ulrich, wenn du dich so an deinem Schicksals-Fuder fast zu Tode gehalten, daß du keuchen, ächzen und fast einsinken mußtest; und gewahrtest denn doch im Zurückschau'n, daß der Boden ganz eben war, und dein Wagen kurz und gut seinen Gang gieng, wie ihn das Pferd Natur zog. O ihr Thoren, haltet die Wolken, die der Ost dort in ganzen Gebürgen daherführt! Stopft ihre Schlünde, daß sie sich nicht auf euer dürres Heu herabgiessen! Haltet den stürmerschen West zurück, daß er Euch nicht alles Obst von den Bäumen schüttle, und die Bohnen durcheinander schmeisse! Sagt doch dem Franzose, daß er Friede mache, damit eure Baumwollentücher ihre alten Weg finden, und dem Schwaben — — O, o, Ihr seyt Esel, alle samt und sonders!

7. Jul.

Vor einige Tagen staunt' ich so hin und her. Die dießmalige kritische Lage der Handelschaft machte mich unruhig; nirgends kein Geld, und die Baumwollenwaaren schienen ins Stecken zu gerathen. Wie, was fang' ich an? Bin so viel schuldig, und soll immer alles baar bezahlen. Mir ist man auch schuldig; aber da lassen sie mich hocken. „Du mußt „einmal Ernst brauchen, Ulrich"! dacht' ich, „sonst braucht man mit dir Ernst"! Ich mahnte und mahnte, alles umsonst. Endlich setz' ich einem gewissen M* den Tag an, der mich schon an die fünf Jahre mit lären Versprechungen zum Beßten gehabt, und gieng ihm also mit Weibel und Schätzern für's Haus. Das Herz klopfte mir auf dem Weg. Als wir anlangten, wollten die Herren selber nicht hinein, und überließen es mir, hinauszubringen, was mir beliebte. Itzt ward mir's noch bänger. Endlich faßt' ich Muth, und gieng in die Küche; da fand ich nichts als etliche Vierkreuzer-Becken. Dann in die Stube, wo Frau und vier Kinder (der Mann und Vater hatte sich geflüchtet) erschrocken am Spinnrad saßen, und ich kein Wort zu ihnen, sie keines zu mir sprachen. Hier schaut' ich vergebens herum; Häspel und Räder ausgenommen, nichts und wieder nichts. In der Kammer getraut' ich mir, drey armselige Lumpennester, sonst noch den größten Schatz, vor Eckel nicht anzurühren. Itzt rannt' ich wieder ziemlich erbost in die Stube: „Hudelgesind! wo habt Ihr den Hausrath versteckt?

„schafft her, oder" — — Da gieng ein jämmerli-
ches Geheul, und mit immer stärker wiederholten:
„Wir haben nichts, wir haben nichts! Um Gottes
„willen, Gnad und Erbarmen"! ein solches Mor-
bio=Zettergeschrey an, daß ich über alle Finger
schwitzte, endlich zur Thür hinaussprang, und noch
froh genug war, wie ich mit lären Händen entflie-
hen konnte. Dafür lachten mich Schätzer und Weibel tüchtig genug aus. Meinetwegen. Ein solches
Gefecht mit der Armuth, selbst mit der unwürdigen
wagst du so bald nicht wieder, Ulrich! — Aber
hüten will ich mich; und du, hüte dich auch, mein
Sohn! Es ist eine fürchterliche Sache ums Schulden eintreiben — geschweige ums von sich eintreiben
lassen.

18. Jul.

Mich befremdet's eben so wenig, als viele andre,
daß Menschen auf den Einfall gerathen sind, die
Sonne als eine Gottheit anzubeten. Hat ihr doch
Gott wie einen Theil von seiner Allmacht übergeben,
womit sie so mächtige und so tägliche Wunder wirkt.

19. Jul.

Heute hielt mir Baase N. eine tüchtige Strafpredigt, und meynte, bey Anlaß einer Kleinigkeit, wir
Menschen sollten stündlich an Tod, an Ewigkeit und
ans Gericht denken. Liebe, liebe Baase! sehen wir
doch kaum zwey Augenblicke vorwerts, und wollten
in die Ewigkeit hinausschau'n? Mich zum Sterben
rüsten? Gerade, wie wenn ich mich vor meinem
Daseyn zum Leben hätte rüsten wollen. Noch weiß

ich jtzt kaum was ich bin, und wollte mich schon zu dem machen, was ich dort seyn soll?

22. Jul.

Gedanken sind zollfrey, heißt es. Schon recht. Aber aus Gedanken können Handlungen entstehen; und die sind nicht mehr zollfrey*).

*) Hier ist eine Lücke in den Tagebüchern unsers Verfassers, bis zu Anfang des J. 1780. Anderwerts finden sich Spuren, daß ihm um dieselbe Zeit alles Schreiben wegen seinen Berufsgeschäften, theils beschwerlich, theils wirklich auf eine Weile zum Eckel ward. (S. in der Lebensgeschichte S. 227. u. 28.

Tagebuch
vom Jahr
1780.

7. Jan.

Gedulde dich *), straubigte Amsel! und picke sorgsam jedes Beerchen aus dem Zaun, welches dein Versorger für dich auf diese Zeit der Noth aufbehalten hat. Bald wirst du dem Boreas trotzen, dich wieder muthig auf die Gipfel der Tannen setzen, und in den Wald tönen. Mittlerweile zwitscherst du, munteres Zaunköniglein! immer fort; und groß ist dein Schöpfer, in dir, kleinem Dinge.

8. Jan.

Schon legt eine Woche ihre Bürde ab; der Feyerabend ruft allem Gelerm: „Halt stille"! Da ist man so froh', und heißt den morndrigen Sabbath willkomm. Warum erschrickt denn der Mensch so sehr, wenn der Sensemann kömmt, und auch ruft: Halt still'! — Aber vielleicht thut's der allzuunfreundlich, und packt einen gar zu gröblich mit seinen eiskalten Klauen an. Mag seyn. Mußt du ihm aber gerade so starr ins Gesicht schau'n? Oder willst du das kalte Beth und einen kleinen Frost so gar scheu'n, daß du dich darum nicht hineinlegen solltest, wenn du müde bist, und weissest wie wohl man in einer halben Stunde schläft, und wie süß der Schlaf ist?

9. Jan.

Die Kälte ist grimmig. Es giebt Eiszapfen bis nahe an den warmen Ofen. Könnt' ich doch, dacht' ich heute, so viele arme Thierchen in dem Wald und die Vögel in der Luft in meine Stube nehmen. Aber ich bin ein Thor, ein dummer, einbildischer,

---
*) Für: Trage Geduld.

gräßlicher Thor, daß ich nun gar den Allesversorger spielen will. Mein eingeheiztes Nest würde für die guten Dinger wohl eher eine Hölle seyn, und vielen das Leben kosten. Ulrich, Ulrich! du wärst mir ein sauberer Erhalter von Geschöpfen, welche die ewige Weisheit schuf.

16. Jan.

Was für arge Balgereyen? — Es muß ein schalkhaftes Weib in der Nähe seyn; und das verdrießliche Zeug läuft so durch Kanäle, bis leider in den der an — meine Ohren gränzt. O du allsehendes Aug', wenn du mir so viel zum Verbrechen machst, als die Nächsten an meiner Seite, so — sey mir armen Sünder gnädig!

6. Febr.

Ey nun, mein Herr Richter! ich bleib' dir ja heute bey Hauß, ungeachtet es Herrenfastnacht ist; sitze da so still, mager und einsam wie ein Großvater; und doch willst du mich fressen, wenn ich nur ein klein Weilchen nicht so accurat gehe, wie die Klosteruhr? Weh' euch, ihr lustigen Brüder, wenn's in jener Welt lauter solche ernsthafte Gesichter giebt! Aber wenn's umgekehrt ist, weh' euch dann auch, ihr finstern, sauern, stets Donner und Wetter drohenden Nachtmützen=Antlitze, ihr!

22. Febr.

Nun seit geraumer Zeit geh' ich ruhig meinen Weg, mit mir ganz gut zufrieden; fromm — wenn man's wäre, so bald man's selbst von sich denkt. O Herz, wie oft hast du mich schon betrogen! Genug, wenn ich noch so leise Vorwürfe auf dem Gesicht eines rechtschaffnen Mannes lese, ob er gleich kein Wort sagt; oder wenn ich mich bey den Beßten im Volke verdächtlich mache, und mich, denn schon der grosse Haufe als einen guten Gesellschafter fast ins Gesicht lobt. O Laster! du wärst ein Uebel, wenn auch der Himmel dich geboten hätte.

12. März.

Wohl und Wehe: O wenn ich mir's selber schaffen könnte, denkt der eine. — Gewiß macht man sich beydes, meynt der andre. Mit meinen Gedanken steh' ich über diese wichtige Frage so in der Mitte. Schon lange hab' ich dran gearbeitet, mein Gemüth in eine solche Lage zu stellen, daß der Wehen minder, und des Wohls mehr von mir — empfunden werden; daß kein Zufall mich aus meiner Fassung bringen könne. Nun, es gelingt mir nicht immer; aber doch mißlingt es mir selten ganz: Bey der Probe verlier' ich nichts; und schon oft hab' ich dabey gewonnen. — Viele wähnen gar: Um vollkommen in dieser Kunst zu werden, brauche es seine eigenen Leuthe — für die es dann aber keine Kunst mehr wäre: Unempfindliche Seelen, die zu einer gesegneten Erndte und zu einem Hagelwetter gleiche Gesichter machen. Nein, nein! Solche Klöße werden doch nicht dem Menschen, nach Gottes Bilde geschaffen, Weisheit predigen sollen? Vielmehr weiß ich überall nicht — Er wird es schon wissen — wozu diese in seiner Welt geschaffen sind? Doch nicht bloß, einen Platz zu füllen wie der Stock im Wald, der weder fault noch wächst, und dennoch manches junge Bäumchen hindert, aufzuschiessen? Aber, Ulrich, was geht das dich an? Schau' auf dich, und thu' Du das deine. — Was gewiß ist, so macht auch hier, wenn je etwas, die Uebung den Meister.

19. März.

19. März.

Nach dem müden Getümmel dieses Tages, gieng ich des Abends in die Wiese hinaus, zu verschnaufen; ich lehnte mich an einen Baum, und mein Geist flog wie lichterloh' in den Lüften herum. Die Sonne hatte sich schon nach der Abendseite unsers Erdballs herabgewälzt, und färbte zum Abschied das graue Gewölk mit einer zierlichen Purpurfarbe. Das Rothkehlchen und der Zaunschlüpfer liessen um die Wette ihr Vesperlied durch die blaue Dämmerung ertönen. Meine Brust schwellte sich hoch auf. Voll Entzückens schwang sich mein Geist über die falben Wolken erhoben, als ob ich in Gesellschaft von lauter Göttern wäre. Heillige Heimath, dacht' ich: Jenseits dieses Aethers, in welchem tausend funkelnde Welten schwimmen — ein Sprung, ein bitterer Knicks, so kaunst du diese holden Gefilde beziehen. Mein Sohn, wenn du je in deinem Leben auf diesen Posten kömmst, so harre, gleich deinem Vater, dort eine trübe Stunde aus; gewiß folgt wieder eine labende drauf.

23. März.

Einst, als noch kein Bart auf meinem Kinn sich zeigte, als noch das Denken in mir unmündig war, jedes Schneckenhäusgen mich ein Wunder der Welt zu seyn däuchte, und ich, auf jenem grünen Hügelchen, wie ich wähnte, das ganze Erdenrund mit allen seinen Herrlichkeiten übersah — o wie freut' ich mich, in dieser schönen Schöpfung zu leben; wie hört' ich da von jedem Kirchthurm mir lauter Lust und Wonne mit allen Glocken läuten! — Aber, als ich jtzt Mann wurde, gescheuter hätte seyn — sollen, und nur ein älterer Thor war; als ein Heer von widersprechenden Leidenschaften auf mich anzurennen kam, und sich um meinen Besitz balgten — wie sich da das arme Insect, Mensch genannt, krümmte; bald in Schlamm, bald in Labyrinthe sich hineinwand; bald auf grünen Auen unter Blumen silberne Thautropfen leckte, dann wieder im Gebüsch hangen blieb und in Dornen sich wund zappelte — Gott! welche ganz andre Welt, als sich der Knabe in seiner Einfalt und in seiner Unschuld träumte. Da schwinden die Silberbäche, und die Lustgärten, und ihre göldenen Früchte, ein Stück nach dem andern uns aus dem Gesicht; dafür steigen arge Geister, wie Pilzen, aus dem Boden hervor, und stehen auf der Strasse uns überall im Weg, gleich *Bileams* Esel.

14. Apr.

Halb unpäßlich mußt' ich heute dennoch eine Reise nach Z. machen. Ich nahm ein Pferd, aber so geheim wie möglich; denn bey uns setzt's grosse Augen und bittere Bemerkungen, wenn ein armer Tropf sich dieß Vergnügen erlaubt. Und doch, Gott weiß, wie wohl es dießmal dem siechen Körper und dem gefangenen Geiste that, und noch besser gethan hätte, ohne die verzweifelte Menschenfurcht, die mich schon so oft im Banne hielt. Freylich ein drollichter Aufzug. Doch war das Roß nicht geil, und ich in meiner schönen Zeit eben kein schlechter Reuter. — Im Gasthofe fand ich Gesellschaft, die mir Stoff zu mancherley Betrachtungen gab. Vor allem aus der Wirth selber, der uns Gästen ein Langes und Breites von seinem sonderbaren Geschicke und Betriebsamkeit schwatzte; wie er den und diesen Bauer beym Viehkauf überlistet: „Sakerlot! das war eine „Kuh', ein Kalb, ein Schaaf, alles für ein Spott „Geld. Joggle ist nichts, Hans versteht nichts, „des Jörgen Sachen, trau ich nicht." Dabey spazierte er immer mit stolzem Lächeln die Stube auf und ab, und schien das Glück zu allen Thüren hinein zu bewillkommen. Endlich unterbrach ihn ein häblicher Baumwollenhändler; und machte es übrigens eben so, nur etwas feiner. Auch merkte man's diesem bald an, daß es ihm weit saurer ward, zwanzig Prozente zu gewinnen, als dem erstern; und wohl eben deswegen hatten ihn die Prahlereyen des Wirths müd' und unwillig gemacht. — Es war eine schöne Sternennacht; ich legte mich in meiner Kammer noch eine Weile ins Fenster, und dachte dem Angehörten nach; forschte nun, wie's auch in meinem Busen stühnde, und fand, daß ich nicht minder bisweilen zugreifen, und thun müsse wie die andern, wenn mich nicht ein jeder ins Koth treten soll. Und mit alle dem kann ich's kaum verwehren, daß meine Eine Hand nicht mehr weggiebt, oft gar wegwirft, als die andre gewinnt.

18. Aprill.

„Du Thor! Kannst dich des Bettelns kaum er-
„wehren, und magst dir noch Scrupel wegen des
„Gewinnnehmens machen? Alberner Kerl? Dein
„Gewissen wird dir nicht einmal zu einem Betlers-
„stab helfen. Meint' ich doch, man dürfte in dieser
„argen Welt mit Zuversicht nehmen, was man von
„ihr ohne Stehlen bekommen kann, und müßte sich
„gewiß nicht fürchten, daß sie uns zu viel liesse;
„einem zumal, der so viel Kaufmannswitz hat, wie
„du; so viel Gunst hat, wie du; und so spröde
„ist, daß er um einen Galler-Bock*) einem Esel
„nur kein gut Wort geben mag." So hört' ich
heut', wie eine Stimme — war's eines guten oder
eines bösen Geistes — mir zurufen. Aber, wer du
auch seyn magst, geh' deine Strasse, und mach' mir
keine Anfechtungen. Es ist um die sogenannten Bie-
dermänner ein sonderbar Ding; jeder hat bald sein
eigenes Gewissen, von ungleicher Länge wie die
Schneiderellen; von ungleicher Grösse wie die Röck'

*) St. Galler-Vierbäzner.

auf einem Trödelmarkt, weit oder eng, wie's einer haben will. Auch ich hätte das meine schon längst ein wenig weiter gewünscht, aber noch nie den Muth gehabt, es weiter zu machen. Nein! Izt für ein und allemal, ich will's haben wie es ist.

25. April.

Nein, ob Gott will! der Mann wird doch nicht so gottlos seyn, dich zu betrügen, wie so viele andre. So dacht' ich heute, nahm die Waare hin, und erfuhr natürlich — das Gegentheil. Dann sprach' ich: Giebt's denn keinen Teufel mehr? Hätt' ich doch den Kopf verwettet, N* würde die Seel' im Leib mit mir theilen. Und gerade so geht's izt schon meinen Jungen. Jüngst kaufte der eine von ihnen ein Paar Schuhschnallen um ein hundert Procente zu theuer. Ich schalt ihn darüber aus. „Nein, „Vater"! sagte er, „so unverschämt hätte doch „der Krämer nicht seyn dürfen, an elenden Schnal„len so viel Profit zu nehmen." Guter Junge! dein Unglaube an das Böse freut mich in die Seele. Weh' darum dem Schurken, der deinem unbefangenen Zutrauen gegen alles was Mensch heißt den ersten Stoß gegeben. Und ach! wenn dich einst vollends die Welt so gehudelt hat, wie deinen Vater. — —

1. May.

Bist auch wieder einmal da, lieber May! mit all' deinen wonniglichen Wundern? Komm' her, laß dich küssen, nur so wie einen Freund der vorübergeht, uns grüßt, und im gleichen Augenblick Lebewohl sagt. Denn leider wird's, wie gewohnt, nur kurze Zeit mit dir währen. O wir sind hier doch nie am rechten Ort; immer fehlt dieß und das. Mein Sohn Jakob liegt wieder da, und krümmt sich wie vor einem Jahr. Inniges Erbarmen durchdringt mein Eingeweid. Aber, ich kann nicht helfen. Oder soll ich meinen Schöpfer anklagen, daß er Alles so gemacht hat, wie es ist; Angenehmes und Bittres durch einander, jenes zum Trost, und dieses zur Würze, unsers armen, abwechselnden Erdelebens?

6. May.

„Um Auffahrt schlecht Wetter", ist eine alte Sage. In diesem Jahr fällt noch gar der Neumond im Stier auf diesen Tag, und tritt zugleich eine Sonnenfinsterniß ein. Was das nicht für kluge Speculationen im ganzen Land erzeugt hat! viel hundert Zentner Heu sind um einen halben Gulden zu theuer gekauft worden, aus Besorgniß vor grossem Unglück, das nicht gekommen ist. Denn nie war die Witterung günstiger. Alles ist zum Erstaunen schön. Nur Laubkäfer hat's freylich die schwere Menge; sie rauschen und tosen, und prellen an die Fenster, als wenn es hagelte. Und kurz, Ich will meine Sachen sorglos machen. Gott! welch ein glückliches Leben!

8. May.

Gestern wacht' ich tief in die Nacht hinein bey meinem kranken Knaben. Der Himmel war trübe; die Sternen schienen sich nur mit Mühe durch's Gewölk halb durchzudrängen. Und dann so ein melancholisches Gemürmel lauer Lüfte, das ferne Getös langsam sich wälzender Wasser, in der Nähe die immerfort schlagende Uhr, die Vorstellung einer todten Welt voll schnarchender Menschen und träumender Thiere! Mein armes Söhnchen plagte sich mit bangen Todesgedanken: „Vater"! sagte er, und weinte helle Tropfen, „ich will gern so jung sterben, „seh' ich doch in dieser Welt nichts als Jammer und „Elend vor mir." Dann speculirte er nach seiner kindischen Weise über seinen künftigen Zustand, und verschlang jedes Trostwörtgen mit Begierde. Besonders schien die Hoffnung des Wiedersehns seiner Großeltern, seiner Geschwister, der verstorbenen Kinder aus der Nachbarschaft u. s. f. ihn wieder so ziemlich aufzuheitern. Ja, ja, mein Kind! über ein Kleines werden wir dir nachfolgen. Fahre wohl, wenn du fährst, im Namen des Herrn!

17. May.

Zwey Nachbarn von ähnlichem Vermögen und gleicher Begangenschaft wogen ihre guten und bösen Tage gegen einander ab; ihr Kreutz und Leiden wie sie es nannten, und ihr Vergnügen und Wohlleben. Jörg und Karl. Jener hatte in der einen Schale kaum ein frohes Weilchen, in der andern lauter Wehtage. Dieser hingegen hatte einst das Bein gebrochen; dennoch legte er nur etlich wenige von den überstandenen Curtagen, nebst ein Paar Tagen Heimweh, und sonst noch ein Paar Trauertage in die schlimme, alles übrige hingegen in die andre gute Schale. „Ah! wenn du's so rechnen willst, „Esel"! sagte Jörg. „Ich habe vor neun Jahren „auch ein Bein gebrochen, und weiß was ich sechs „lange Wochen, Tag und Nacht ausgestanden; und „noch itzt, Puh! sitzt der Wettervogel drinn." „Herr"! sprach der andre, „das geht mir für einen „Barometer. Während meinen Curtagen hatt' ich „mit unter die vergnügtesten Stunden, und freute „mich immer, daß es so gut gieng. Jeder Anschein „zur Besserung entzückte mich schon; und als ich „das erstemal wieder drauf stehen konnte, war mir „mein Bein lieber als vorher hundert andre." „Du „magst mir ein unempfindlicher Ochse seyn", versetzte Jörg: „Einmal bey mir und so viel Tausen„den mag Ein Schmerz und Elend dem andern „kaum entrinnen. Hat's im Rücken nachgelassen, „so fängt's im Kopf an. Haben wir einen schönen „Frühlingstag, so kommen schon Legionen verdamm„ter Käfer herangeschwärmt, und drohen, alle unsre „Hoffnung rein aufzufressen; so daß dem ehrlichen „Mann das Herz in die Hosen fällt. Drey Vier„theil des Jahres Winter, und das übrige Vier„theil müssen wir uns für Donner und Hagel fürch„ten, daß einem die Seel' im Leib zittert. Nichts „bleibt uns unverbittert. Kömmt etwa ein einziger „guter Bisse auf den Tisch, so muß ihn noch etwe

„alte Vettel anbrennen oder verpfeffern. Möcht'
„ich einmal mit ihr der Liebe pflegen, so macht sie
„noch ein krummes Maul, und" — hier unterbrach
ihn Karl mit einem tüchtigen Gelächter. Görgel
ward böse, als eben ein dritter Nachbar, Martin,
dazu kam, und da ihm beyde den Casus vorlegten,
und fragten: Was meinst nun du? antwortete:
„Daß ihr beyde Narren seyt, das mepn' ich. Lebt'
„ihr doch beyde in so gleichen Umständen, daß ich
„nicht wüßte, an welches Stelle ich lieber stehen —
„oder ob ich nicht vielmehr am allerliebsten auf mei-
„nem eigenen Fleck bleiben möchte. Ich vor mein
„Theil kann nicht sagen, daß ich böse Tage habe;
„aber auch nicht, daß sie sonderlich gut wären; ich
„weiß von keinen sonderlichen Freuden, aber auch
„von keinem grossen Leid. In meinem Leben hat
„mir nie kein Zahn wehgethan; aber all' mein Tage
„ist mir auch keine Lust zum Jauchzen ankommen."
„Ja mit samt dem Jauchzen", versetzte Jörg,
„das vergeht einem bey G* wohl. Als Bube hat
„ich etwa zur Seltenheit auch eins gejauchzt — und
„allemal stuhnd ein Häher hinter mir, der mir
„nachjauchzte, oder mein eigener Vater sagte, es
„klinge wie Uhugeheul. Dann hätt' ich vor Unmuth
„zerspringen mögen, daß mein Gejauchz nicht so
„gut tönen sollte, wie Bruder Seps* seines."
Karl. „Ha, ha! Und ich hingegen glaubte, 's
„könne kein Mensch — besser jauchzen wie ich —
„Auch hat mir's nie keiner streitig gemacht; und
*) Josephs.

„aus Hoffarth that ich köstlich damit; trieb's öffent-
„lich nur an den Sontagen; glaubte alsdann, Berg
„und Thal höre mich gern — und wirklich selbst
„meine Mutter hörte mich lieber als eine Orgel,
„und rufte oft dem Vater zu: Horch doch, unsern
„Karl. — Die Woche durch trillerte ich dann lieber
„sonst ein artig Liedchen bey Hause, und entzückte
„damit mich selber *)." „Ey du Pfau du"! fiel
Jörg hier wieder mit Bitterkeit ein, „dich hat
„von der Mutter Schooß an alles gelobt, mich alles
„ausgehudelt; und jtzt sollt' der Dampf aus deinen
„Hosen besser riechen als eines andern, und doch
„weiß ich, daß er auch" ——— „Pfui"! sagte Karl:
„Aber sonst könntest du mir wirklich nicht ausreden,
„daß alle meine Sachen schöner wären, als andrer
„Leuthen ihre. Einmal mich freut alles was ich
„habe." „Ja, ja"! versetzte Jörg, „das weißt
„jedermann; unser Herr Gott selbst könnt' dir nichts
„abkaufen. Deine Kühe müssen Elephanten seyn,
„deine Kälber Ochsen; und dein Hund soll gar aus
„England stammen." „Meinetwegen ihr Herren,"
sprach Martin, und schlich davon. „Der macht's
„doch noch besser als du, und vielleicht etwas schlech-
„ter als ich", sagte Karl: „von dem wirst du
„Jahr aus und nie keine Klage hören; aber auch
„kein Hanswurst könnt' ihn zu lachen machen. Du
„hingegen bist das bedauernswürdigste Geschöpf auf
„Gottes Erdboden." — Jörg. „Und du eine auf-

---

*) In zehn Zeilen ein ganzer Curs von ächter Lebensweisheit. Anm. d. H.

"geblasene Kröte, die mehr auf ihren eignen Kutteln
"hält, als das ganze Thier werth ist." Drauf giengen
beyde ihre Strasse; Jörg unzufrieden mit seinem
Gegner und mit sich selber, Karl zufrieden mit
allen beyden.

20. May.

Ich hatte die Cameraden schon lange aus dem
Gesicht verloren, aber nicht aus den Gedanken; denn
ich kehrte von ihnen auf mich zurück; fieng nun auch
an, ihre Tage mit den meinigen abzuwägen, und
fand dießmal die schlimmen federleicht, und die guten
alle vollgewichtig. Ob ich aber nicht andremale
mit Görgels Klagen ebenfalls einstimmen möchte,
ist wieder eine Frage? Nur noch eine kleine Dosis
mehr von Karls glücklichem Temperamente zu
meinem eignen gemischt — so würd' ich auch mit
keinem in der Welt tauschen. Doch, ich denke:
Der, welcher seines und meines schuf, weiß, aus
einer Praxis ohne ihres gleichen, mit solchen Mischungen
besser umzugehen als ich.

25. May.

Noch todtmüde möcht' ich gerne eine gestern zurückgelegte
kleine Reise beschreiben, wenn ich nur
besser dazu aufgelegt wäre. Vor ein Paar Tagen
gieng ich nämlich nach Glarus, um mit Herrn Z*
meine Jahrrechnung zu halten. Alle Strassen waren
kothicht und tief; es hörte den ganzen Tag nicht auf
zu regnen. Dennoch watschelte ich muthig durch alle
Pfützen, und ließ die ordentliche Strasse, die nur
etliche Klafter entfernt war, auf der Seite; ungefehr

so, wie ich und andre es auf der gröſſern Reiſe durch's Leben zu machen pflegen.

Die Ausſicht kann bey ſolcher Witterung nicht reitzend ſeyn, und doch ſchien ſie mir noch ſchön genug. Wie durch einen Flor ſah' ich auf den Ober-See und die daran liegenden Dörfer hinab. Die Berge rauchten, als ob ſie ein inneres Harz auskochen wollten. Himmelhohe Pyramiden guckten hin und wieder aus den ſchwarzen Wetterwolken hervor. Die Bäche ſtürmten ſchäumend über die Felswände hinunter. Ja! ſagte ein Glarner, der mich begleitete, das iſt noch nichts; aber wenn ſie ſo dick wie Mehlſuppe, Holz und Steine darein gebrockt, ſich herabwälzen, und brüllen daß man ſein eigen Wort nicht hört.

In Glarus wurd' ich treflich wohl aufgenommen; meine Geſchäfte giengen ihren gewohnten richtigen Pfad. Des Morgens drauf reiſt ich vergnügt wieder fort. Itzt ſchienen mir, bey beſſerm Wetter, die mannigfach geſtalteten und gefärbten Bergſzenen noch ungleich gröſſre Wunder zu ſeyn. Aber über meinem Erſtaunen und beſtändigem Ueberſichſchau'n, verirrt' ich mich. Ein Fußweg verließ mich mit Eins auf die treuloſeſte Art, und führte mich in verdammte Moräſte hinaus, wo ich bis an die Knie einſank. Endlich kam ich zwiſchen zwey groſſe Waſſer, wo ich weder hinter noch für ſich kommen konnte. Noch heute würd' ich dort herumirren, wenn ich nicht zufällig einen freundlichen Fiſcher angetroffen hätte, der mich zurechtewies. Zu Bildhaus ſtieß ich auf einen ganzen Trupp lüderlicher Bursche; und hatte das Glück, einen unsrer Gemeindsgenossen — ich will nicht sagen noch vollkommen in Zeiten, denn er war schon tüchtig besoffen — dieser saubern Gesellschaft zu entreissen, und ihn mit mir nach Haus zu nehmen. Freylich ein angenehmes Begleit. Gieng er neben mir, so bespritzte er mich mit Koth bis an die Ohren; oder vor mir her, flugs lag er zur Erde kreutzweis' übern Weg, daß ich beynah' auf ihn hin fiel; oder hinter mir, so sprang er mir bald die Fersen ab, und stach mir mit seinem Stock ordentlich ein Paar Löcher in die Beine; der schrecklichsten Flüche über mich und meine ungebetene Hülfe nicht zu gedenken. Aber nach einer Weile, schon auf der Strasse, wußt' er mir doch noch Dank, und, als wir daheim anlangten, seine Frau noch weit mehr. Ich selber kam übrigens eben nicht mißmuthig nach Hause, und erfreute Weib und Kinder.

4. Jun.

Ein Pilger aus — wahrlich, ich hab' mich nicht darum erkundigt — gieng gestern ein gut Stück Wegs mit mir. Er kam von Einsiedeln; es that mir leid, daß wir so geschwind scheiden mußten; und auch Er muß etwas Sympathetisches gefühlt haben; denn er that bald so offenherzig gegen mich, als ob ich sein Bruder wäre. Ich fragt' ihn: Warum er so allein reise? — „Ha", sagte er, „die Gesellschaft „die ich gern hätte, kann ich nicht haben; und die „wo ich haben könnte, ist mir lästig; also geh' ich „lieber allein." — Ich. So geht's mir bisweilen auch. — Er. Ja! Er hat mir das Aussehn dazu. — Ich. Da sagen dann die Leuthe, man sey wunderlich; ich gesteh's ihnen nicht; aber mir selbst muß ich's doch gestehn. — Nun schwatzten wir von allerhand, in die Kreuz und Quere, und kamen neben andern auch aufs Wallfahrten. Ich sagte: Daß ich die Pilger zum Theil glücklich schätze, weil sie doch auch an Einem Ort in der Welt Ruhe vor ihre Seele fänden, und ich die meisten aus ihnen mit heiterm Gesicht nach Haus kehren sehe. „Ich mag's ihnen „wohl gönnen", sprach er; „aber bey mir, ich „weiß nicht wo es fehlt, find' ich gerade das Ge„gentheil; ich denke, das Reisen muß wohl „nicht meine Sache seyn, kehr' ich doch allemal „vielmehr unruhig und unzufrieden nach Hause. Und „denn vollends ums Beichten, wär's wohl ein schönes „Ding, wenn man die verzweifelten Triebe heraus„beichten könnte. Aber ich fühle das Gewirr im

„Busen nach wie vor." Itzt dacht' ich, der Mann müsse etwas Schweres auf dem Gewissen haben; und doch sagte er: Das Vergangene beunruhige ihn nicht stark, aber das Gegenwärtige. — Ich. Wie so? — Er. Ha! Ich habe schon ziemliche Jahr' auf dem Rücken, und möchte allmälig gern ein besserer Mensch werden; aber je mehr ich ansetze, desto hefftiger regen sich die verd** Mücken hier drinnen. Ein Cappuziner sagte mir jüngst wohl, ich müsse sie ausrotten; aber er hätte mir auch bedeuten sollen, wie man's anstellen muß. Nun, wenn ich reise, ist's noch ärger als daheim, und wie wenn ein böser Geist mir überall vorangieng' und verzuckertes Gift auf meinen Weg streute. — Zwar konnt' ich schon aus seiner Physiognomie errathen, von welcher Art böser Geister das eigentlich seyn mochten; aber ich fragte ihn dennoch: „Ey", sagte er ganz treuherzig, „ich war immer ein grosser Liebhaber von schö„nen Gesichtern, und hab' mich in meiner Jugend „freylich ein Bißel gemein mit diesen artigen Din„gern gemacht. Damals dacht' ich, es hätte nicht „alles zu bedeuten. Itzt merk' ich wohl, daß es „mir nicht mehr wohl ansteht, und man mich, wie „billig, verachtet und auslacht, wenn mich etwa der „T** ansicht. Und doch kann ich's noch auf den „heutigen Tag nicht ganz bleiben lassen. Dann „rauf' ich mir, immer zu spåth, die Haare, daß „ich so ein alter Narr bin." Ich lachte. Er ward darüber gar nicht böse, und fuhr fort: „Ja, mir „ist Ernst. In meinem Leben hätt' ich nicht gedacht,

„daß man in meinem Alter noch von solchen Phan-
„tasien geplagt würde. Ich könnt' dir nicht sagen,
„was für Wundergeburthen bisweilen in meinem
„Kopf ausgebrütet werden, und — was noch am
„ärgsten ist — daß der Unterleib so geschwind Nach-
„richt davon hat. Z. E. vorm Jahr gieng ich auch
„diesen Weg. Droben in dem Buchwald begegnet mir
„ein artig Weibel. Ich war halb verrückt, wie in
„einem Fieber, und that ganz entsetzlich schön mit
„ihr. Sie war ebenfalls ungemein gefällig gegen
„mich. Dennoch hielt — soll ich sagen Furcht oder
„Tugend — mich von allen groben Aeusserungen
„zurück. Aber, was nun das ärgste ist, seither
„schwebt mir das hübsche Ding Tag und Nacht vor
„Augen. Oft schalt' ich mich aus, daß ich wie eine
„feige Memme davon geflohen; andremal hingegen
„bereu' ich's, daß ich nur so weit gegangen bin, und
„freute mich, daß ich nicht weiter gieng. Aber,
„als ich dieß Jahr dem Orte wieder nahe kam,
„bildete ich mir ordentlich ein, ich müßte meine
„Schöne auf der gleichen Stell' antreffen; genoß,
„unter Zittern und Beben, schon tausend Freuden
„in der Einbildung; verwünschte dann wieder diese
„neue Versuchung, und passirte endlich, unter be-
„ständigem Streit, wie ich's machen und nicht ma-
„chen sollte, den Fleck vorbey, ohne daß ich eine
„Maus sah." Ich sagte dem guten Mann", was
mir über dergleichen Lagen einfiel, worinn ich selber
vor Zeiten mich mehr als einmal befunden hatte,
und gab ihm ein Paar Räthe, wofür er mir dankte,

und

und dann recht brüderlich von mir schied. — Ich
hätte ganze Wochen mit diesem ehrlichen Pilger reisen
mögen.

11. Jun.

Ich lese den zweyten Band von Lavaters Physiognomick; den ersten hab' ich schon vor geraumer
Zeit durchgeblättert. So wenig Herr Lavater vor
mich mag geschrieben haben, und so wenig er vermuthen konnte, daß ich und meinesgleichen über
sein kostbares Werk gerathen würden, so macht es
mir darum nicht minder Vergnügen. Ob ich's ver-
stehe oder nicht, darüber hat mich noch niemand
catechisirt, als — ich mich selbst. Im Geiste hab'
ich schon viele unmündige Gespräche mit diesem
merkwürdigen Manne gepflogen, von denen ich das
eine und andre — vielleicht die einfältigsten von allen
hier einrücken will. Schon tausendmal hab' ich gewünscht, ihn persönlich zu sprechen; aber das dürst'
ich in Ewigkeit nicht. Sein scharfer durchdringender
Blick würd' mir bald das Concept verrücken, und
mich verstummen machen. Ob ich ihm gleich englische
Güte zutraue, denk' ich mir ihn denn doch wieder
mit einem hohen Grad menschlicher — obschon nicht
inquisitorischer Schärfe begabt. Lange Zeit hat mich
kein Schriftsteller so angezogen wie er, auch wo er
für mich räthselhaft schreibt und mich überplaudert,
wie Paulus den Festus, daß ich nicht mehr weiß
wo ich zu Hause bin; wo mich jeder andre böse
machen, und ich sein Buch hinter die Thür' schmeis-
sen, und auch mit Festo sagen würde: Herr! du

rasest; deine grosse Kunst machet dich rasen. Dein Geist ist wie eine reiche Quelle, die mit solcher Gewalt hervorschießt, daß man nicht Zeit hat, jeden Tropfen zu zählen. Auch nimmt mich nicht Wunder, wenn schon das Publikum dich, trefflichen Mann, durch die Fäuste jagt: Denn wie durftest du dich unterstehn, den Menschen, dieß brutale kleine Universum so genau zu zergliedern, und jedes Härchen zu beschreiben. Konntest du wohl vermuthen, das mürrische Thier werde dir stillhalten, und nicht mit blöckendem Zahn von allen Seiten um sich beissen, wenn du's so zeichnen, und sein häßliches Gemüth kennbar machen würdest? Und jene guten Seelen, die Stillen im Lande, die so gern' im verborgnen süsser Ruhe pflegen, werden's die wohl vertragen, wenn man sie dergestalt ans hohe Tageslicht schleppt, und jedem Spötter zu begucken darstellt? Und den Ehrenmann in einem mißgestalteten Körper — wie es deren, meyn' ich, doch manchen giebt — muß es den nicht bitter schmerzen, wenn jeder Esel ihn mit Eins nach dem Aeussern beurtheilen will?

Seht mir da den stolzen Junker Hans, wie er sich itzt vor dem Spiegel brüstet, seinen Scheitel streicht, hinten und vorn an den rundgewölbten Kopf greift, in die Länge und Queer' ihn mißt, und zu sich sagt: „Nach Lavater S. . muß wahrlich mehr „hier drinne stecken, als ich selbst nie geglaubt hätte." — Und die Menge Spitzbubengesichter, hörst du sie itzt ihrem Nächsten spottend trotzbieten, wie sie's sonst noch nie gewagt hätten; denn sie wissen's nur gar zu gut, daß solche Falkenaugen, wie L. nicht in allen Gärten wachsen; und selbst diese, meynen sie, würden sich zu Zeiten noch wohl betriegen lassen. — Und der arme Barthel, wie der dir vor dem blossen Namen Physiognomick, wie ein nasses Laub zittert. Er hat einst einen Fehler begangen, der ihm verborgen geblieben, den er dem Himmel gebeichtet, bereuet, und, was noch mehr ist, verbessert hat; und doch geht er noch auf den heutigen Tag, das Aug' bescheiden niedergeschlagen, daß man ihm nicht, wie er wähnt, die längst gebüßte Sünd' ansehe. Nun aber denkt er, werd's ein jedes Kind ihm auf dem Gesicht lesen; aber dafür nicht den steten Kampf mit seinen Busenfeinden, und noch minder seine täglichen mühesam errungenen Siege.

Doch — Lavater mußt' es auch wissen, daß er dergestalt einen Stein des Anstosses hinwarf. Er kennt die Menschen allzugut, um nicht überzeugt zu seyn, daß sie nun einmal gewohnt sind, alles am unrechten Ort anzugreifen. Ja! wenn seine Leser alle, seine Augen hätten, und seine Gedanken denken könnten, kein Gesicht würd' uns vorkommen, aus dem wir nicht etwas Gutes herauszufischen wüßten. Aber, leider Gott erbarm's! da geht es ganz anders: Jeder möchte gern in dem Buch eine Lobrede auf seine eigene Figur lesen, und desto mehr Nachtheiliges von seinem Feinde — mancher vielleicht gar von seinem Freunde.

Ob es überhaupt eine Physiognomick gebe — das, hätt' ich gemeynt, sollte kein Mensch läugnen können.

Jeder Bauer, auch der dummſte, iſt in ſeiner Art ein Phyſiognomiſt. Er kennt ja Weiß= und Roth= Tannen, Birn= und Apfelbäume nicht bloß an Laub und Rinden, ſondern weißt auch mit ziemlicher Si= cherheit Euch zu ſagen, welche wachsmündig ſeyn oder nicht, gern oder ungern, gute oder verzwergte Frucht tragen werden. Und wie richtig verſteht er nicht Pferde, Ochſen, Kühe u. ſ. f. zu phyſiognomi= ren, und aus ihrem Kopf, Rücken, Schwanz, Fuß, Haaren, kurz aus dem ganzen Körperbau und deſſen einzelen Gliedern zu errathen, was das Thier im Schild führt; und wenn er ſich auch zum vierten und fünftenmal betrügt, ſo täuſchen ihn Käufer und Preiß vielmehr als die Geſtalt des erhandelten Vie= hes. Freylich mag der nämliche Mann in der Men= ſchen=Phyſiognomick weit ſchwächer ſeyn; doch kenn' ich manchen Bauer, der auch hierinn mit L. kaum tauſchen würde, ſo wohl fährt er in allem ſeinem Handel und Wandel; ſo macht ihn jeder Fehlſtreich klüger vielleicht als den größten Gelehrten; und wenn er ſich ſchon nicht auszudrücken weiß, irrt er ſich im Ganzen wohl nicht mehr, als der ſtärkſte Ana= tomiſt. Freylich heißt es bey ihm nur: Der und der iſt mein Mann — der gefällt mir — hat mir die rechte Farbe — ſpricht mir gerade im rechten Ton — nicht zu viel und nicht zu wenig. Oder hinwieder: Der iſt nicht nach meinem Geſchmack — ich mag ihn nicht — er hat mir zu groſſe Augen — trägt mir den Kopf zu hoch — ich traue ſeinem Lä= cheln nicht — er ſchwatzt mir zu viel — er verbeißt so das Maul. Das sey Sympathie oder Antipathie, meynen einige; meinetwegen; mich dünkt's reale physiognomische Kunst, wenn ein schlichter Mann so die Harmonie des Characters eines andern mit dem seinigen bloß aus dessen Gesichte, Stellung und dem Ton seiner Worte errathen kann. Einmal ich kenne Männer, die sehr scharfsehnd und gelehrt seyn wollen, die einander beym ersten Anblick, und ziemlich lange nachher nicht haben mochten, und doch nachher durch nähere Kenntniß und Umgang die beßten Freunde geworden sind. Nun denk' ich zwar, Herr Lavater hätte sich nicht so betrogen. Doch wer weißt, was auch ihm wiederfahren könnte? O Lavater! beßter Mann: „Die Kinder dieser Welt sind klüger in „ihrem Geschlechte, als die Kinder des Lichts in „dem ihrigen." Leg' mir doch diese Worte aus; aber nicht nach der Weise der Schriftgelehrten und Pharisäer, sondern bey der Quelle deines tiefforschenden Geistes hohle mir die Auslegung her — Und dann physiognomire, und bekenne: Die Kinder dieser Welt können's dir noch angewinnen; ihr hochtönendes Gelächter thut mir sonst in der Seele weh!

Ja, wehe thut's mir, wenn ich über den treflichen Mann das Urtheil hören muß: Er ist ein Fantast — fort mit seinem Buche voll eiteler Phantasien — fort mit all' den Zürcher-Gesichtern, mit all' den schwärmerschen Lobeserhebungen seiner Freunde. Ich sage dann auch: Fort mit Euch, ihr Schurken! Müßt ihr denn immer das Kind mit dem Bad ausschütten? Mag seyn, daß ein Bißgen Grillen und hie und da eine übertriebene Lobrede mit unterlaufen; aber sicher war es gut gemeint, und ihn dünkten's gewiß wichtige Sachen, es mag Euch nun immer scheinen wie es will. Wartet nur, in zehn oder zwanzig Jahren wird er's vielleicht selber heissen wie Ihr.

Es ist wahr, mein lieber Lavater! ich bin ein nichts bedeutender, unwissender Mann, an dessen Urtheil dir nichts gelegen seyn kann. Aber dennoch — darf ich's von der Leber weg sagen — murmle auch ich von Zeit zu Zeit beym Lesen deiner Physiognomick etwas zwischen den Zähnen. Meist redest du mir recht aus Herz, und so aus dem Herzen, daß ich immer zu deinen Füssen sitzen, und Lehren der Weisheit von deinen Lippen hören mögte. Aber dann komm ich wieder auf andre Stellen, wo ich laut und leis' ausrufen muß: Wahrlich hier hast du dich vergessen; nicht bedacht, daß du — Menschen zeichnest, und Menschen beschreibst. Oder glaubst du denn wirklich, daß es unter diesen Geschöpfen solche gebe, die so viel vor andern ihresgleichen voraus haben? Weissest du denn nicht, wie die Adams-Kinder geartet sind; nicht was Jakobs Söhne dem Joseph thaten — weil er ihn so hoch über seine Brüder erhoben hatte? Meinst du, wenn du so etliche aus der ganzen übrigen Menschheit heraushebst, es werde bey den andern, Menschen — — Liebe pflanzen. Oder denkst du nicht, es werde allethalben auch Leuthe geben, die deine Götter kennen. Lieber, lieber Mann Gottes! der Abstand ist gewiß nicht so groß, als wir's uns einbilden. Das weiß ich wohl, daß es Stuffen giebt, und daß, wenn man alle Menschen physiognomisch reihen, und dann mit Eins von dem rechten auf den linken Flügel springen könnte, man freylich ausrufen würde: Himmel! welch ein Contrast. Aber die Zwischenstuffen unter so viel Millionen Menschen sind doch kaum merkbar. Und ob in allen einander ähnelnden Körpern auch ähnliche Seelen wohnen, das weiß ich nicht, und glaube es kaum. Im alten Bunde hat es Männer gegeben, die man Seher nannte; vielleicht konnten diese auch die Gestalt der Seele durch den Körper schauen, und vielleicht bist du auch ein solcher? Aber, ob's auch deine Leser sind; ob du ihnen mit deinem Buch auch dein Aug verkaufen konntest? Und ohne dieß, was nützt uns das erstre? Nebendem muß ich's dir aufrichtig gestehn, wenn ich von einem häßlichen Manne gute Handlungen sehe, will einmal Ich könftig wie bisher lieber meinem Aug' als dem Mann mißtrauen.

15. Jun.

So eben fodert man mir dieß unterhaltende Buch wieder ab. Den Nutzen, den ich daraus gesucht, hab' ich freylich noch nicht gefunden; vor mich aber hab' ich auch noch nichts dabey verloren. Meine alte Methode zu physiognomiren ist mir gerade noch so lieb als zuvor. Ueberhaupt denk' ich: Es sey um diese Kunst ein betrüglich, aber doch nützlich Ding, ungefehr so wie um — Wein und Weiber: Die Natur spiele, wie in allen Sachen, auch in den Menschenformen auf eine millionenfache Weise so räthselhaft durcheinander, daß nur das Aug' ihres Schöpfers zum Wahren durchdringen kann: Jeder sehende Krüppel habe am End ein physiognomisches Aug'; aber die meisten eben ein schlechtes, und die Scharfsichtigsten immer ein höchst unvollkommenes. Läßt sich doch fast kein Gesicht denken, das nicht seinen Liebhaber fände; und bald keines hinwieder das nicht bekrittelt wird. Und auch von den seltenen, welche beynahe allgemeinen Beyfall finden, möcht' ich noch gar nicht sagen, daß sie gerade die Hüllen der schönsten Seelen wären. Also auch die, welche mir L. aufzeichnet, nähm' ich, ohne weitere Beurkundung, bey Weitem nicht alle für baar an. Lieber noch wollt' ich alle Physiognomik dem Himmel befehlen, als so felsenvest auf irgend einen Menschen bau'n. Nicht daß ich keinem traue; ich traue nur zu vielen, und den Meisten mehr als mir selber; darum betrügen sie mich auch mehr. Müßt' ich mir deswegen einen Freund wählen, freylich müßte mir sein Gesicht auch gefallen; aber auf seinen Schädel, seine Nase, seine Augenknochen und seine Augen selber traut' ich nicht allein. Immer müßt' ich den Mann, und zwar eine Weile lang, vor allen Dingen handeln, und besonders seine Handelns-Weise sehn. — Was sollen z. B. alle die häufigen Todtenschädel. Freylich ist ihr Anblick fähig, tiefsinnige Betrachtungen, und wehmüthige Empfindungen in uns zu erwecken. Aber damit, und mit den Schlüssen daraus, ein so kostbares Werk füllen — Nein! ain Bienen

Korb kann ich nicht erkennen, welche Art Bienen drinn gewohnt haben. Lebendige Schädel sind lustiger anzuschau'n; und deren giebt's ja genug; auch sind dieselben nicht so dicht mit Haut und Haar überwachsen, daß man ihre Form nicht deutlich genug erkennen könnte. Noch einmal, lieber Lavater! deine vielen Knochen machen mir Grauen — es wird mir übel; ich denke, die gehören in die Erde zum Vermodern. Ich will lieber mit den Lebenden hausen, und dann erst mit jenen, wenn mich diese einmal auch eingescharrt haben. Doctores und Feldschärer mögen sich satt an ihnen begucken. Noch lieber wollt' ich's mit den Thierköpfen haben; die liegen so einfach und deutlich vor uns; und die Menschenschädel so räthselhaft, und wenn sie lebendig sind so launigt, daß ich noch obendrein in Gefahr stühnde, Ohrfeigen zu bekommen, wenn ich die Augen zu weit aufsperren, oder ihnen zu nahe treten wollte. Auf Gemählden und Kupferstichen, welche uns Menschengesichter vorstellen, halt' ich vollends nicht viel. Wenn einem Künstler zwey ähnliche Männer, auch allenfalls von vollkommen gleichem Character hinsitzen, und aber den einen nur ein Schuh drückt, müssen ihre Bildnisse schon ungleich herauskommen.

Und nun, verehrenswürdiger Lavater! wirst du mir wohl meine groben und ungeschliffenen Urtheile verzeihen? Ich verstuhnd es eben nicht besser. Die Blumen, die in deinem Werke für mich dastanden, hab' ich gepflückt — das war ja wohl gethan; aber freylich von den andern auch meine unmaaßgebliche Meynung gesagt — das konnt' ich bleiben lassen. Also, noch einmal, verzieh' mir's, daß mir so meine alte kurze Manier zu physiognomiren noch immer besser gefällt, als deine neue und weitschichtige. Und wer weißt, wenn einst dein Geist sich wieder einmal von seiner Höhe zur Erde neigt; wenn auch für dich jene zweyten Kinderjahre herannahen, wo die größten Männer wieder die kleinen Fragstücke lernen — dann, theurer Mann! lies dein Werk noch einmal, und lächelnd wirst du alsdann vielleicht manchem deiner itzigen Splitterrichter gewonnen geben.

22. Jun.

Gestern, als ich bey meinen Geschäften saß, kam mein Bruder, mich zu einer Erbstheiluug der Verlassenschaft seines Schwiegervaters zu rufen. Ich vermuthete Zwist. Aber, wie fand ich mich beschämt. Lauter friedsame Menschen, deren wechselseitiges Benehmen mir in der Seele wohlthat. Mein Bruder schien mir noch der Eigennützigste; er war aber auch der Bedürftigste. Der Amman*, der Schulmeister** und ich, zergliederten alles vorgefundene so freundschaftlich, daß ich zuletzt meine Mitarbeiter, und alle Erben, jeden hätte küssen mögen; auch die Weiber nicht ausgenommen. Ihrer — zwanzige wollt' ich freyen, wenn sie alle so verträgsam wären, wie diese. O, die Erde trägt immer noch mehr gute Menschen, als wir's uns in unserm zweydeutigen Tugendeifer einzubilden pflegen. Aber eben, hie und da ein halbdutzend händelsüchtige Wühler können einen solchen Lerm machen, daß man meynt, die Welt sey voll von dergleichen. O mein Sohn, erblicke darum in jedem Erdensohn deinen Bruder!

24. Jun.

Gestern Nachts gab's ein starkes Donnerwetter. Zu Schwellbrunn schlug der Strahl in den Thurm. Warum er den Kirchthürmen so aufsässig ist, weiß ich nicht. Die Naturforscher geben freylich dafür ihre Gründe an; und, wer vorgiebt alles zu begreifen, muß etwas angeben. Sonst sind auch Häuser, Scheunen, grosse Bäume, Menschen und Thiere Gegenstände, nach welchen der Blitz zielt. Noch nie hingegen hab' ich gehört, daß er in die flache Erde fährt — der Himmel will unsre Mutter nicht beschädigen. Gieb du andre Gründe an, vielwissender Mann. Ich mag's leiden. Mir sind's heilige Geheimnisse *).

26. Jun.

Sohn! Bald ist es mir so ring **) und wohl, dann wieder so bang und enge, daß sich der Geist herabsenkt in die Grüfte, wo unsre Väter alle, zu Tausenden versammelt — jene sogenannte alte Welt, die auch so ein Weilchen auf der Erde 'rum gewühlt, geschäckert und gejauchzt, dann mitunter wieder haselirt und lamentirt hat, jtzt so ruhig und vergessen da liegt; wir aber über ihren Köpfen, auf dieser Erde welche sie die ihrige nannten, und wir jtzt die

---

*) Was in solchen Aeusserungen vom J. 1780. Schiefes steckt, wird mein Freund, jtzt i. J. 1792. ohne mein Erinnern begreifen. A. d. H.

**) Leicht.

unfrige nennen, so mit seltsamen Gesichtern und wilden Capriolen herumspringen, als ob's eine Hayde voll Affen wäre, von denen sich bald auch einer nach dem andern hinlegen und entschlummern wird. Sohn! denke daran; ich eile meinem Vater und Großvater auf dem Fuß nach, und über ein klein Weilchen kömmst auch du hinten drein. Vergiß es nicht, und hänge nur oft dem Gedanken nach: Was liegt daran, ob wir, dieses Weilchen durch, ein Bißchen mehr achzen oder ein Bißchen mehr fröhlich sind; ob wir auf Federn oder Laub schlafen; ob wir den Magen mit Kraut und Rüben, oder mit Vögeln und Fischen gefüttert haben? Wird's uns kümmern, ob wir die Welt ganz oder halb genossen, ob man uns tüchtig 'rum gehobelt, oder auf den Händen getragen? Ob mancher arme Tropf in unsern Büchern steht, und seine Kinder Rach' über uns schrey'n? Wird's uns grämen, daß wir unsre Feinde nicht hinwieder beleidigt, und über kleine Neckereyen nicht gleich mit dem Schwerdt eingehauen haben? — O mein Sohn, vielmehr denk' ich immer, muß es uns wohl ums Herz machen, wenn wir fein ordentlich unsre Strasse gegangen, andern, so viel wir gekonnt, aus den Füssen getreten sind, und von der Erde nur das Unentberliche, so im Vorbeygang gekostet haben.

25. Jul.

Dieser Tagen las' ich ein klein artig Büchelgen mit grossem Vergnügen und nicht minder Nutzen, das zur Aufschrift führt: Tagebuch eines jungen Ehemanns. Der Verfasser soll ein Zürcher seyn*). Indessen erscheint seine Karoline, wenigstens in meinen Augen, in einem ganz andern Licht, als er sie wahrscheinlich dem Leser darstellen wollte. Aber der ehrliche Mann mag sich Weiber in seiner Einbildung gedacht haben, wie sie eben in unsrer Welt nirgends zu finden sind, oder wie er sie nur in ihrer guten Laune gefunden, und etwa gar auf noch bessern geschlossen hat; einmal glaub' ich, ihm sey nicht gut Weib zu seyn, und wenn eine auch aus seiner Seite, wie Eva aus unser Aller Vater seiner, geschnitten wäre. Doch das geht mich nicht an, sondern nur der Vortheil, den ich aus seinem Büchelgen geschöpft habe. Prüfungen meiner selbst, und eines gewissen andern Wesens, sonst meine Hälfte genannt, hat ich dabey genug anzustellen. Oft hab' ich mich selbst tüchtig bey der Nase gezupft, wenn ich mich so auf's Haar getroffen fand. Andremal aber dacht' ich: Nein, so wärst du doch mit einem so guten Weib' in Ewigkeit nicht verfahren. Wenn ich dann vollends zwischen ihr und meiner Karoline Vergleichungen anstellte, kam ein Contrast heraus, den ich nicht beschreiben mag. Hat mir doch

---

*) Weit gefehlt! Es war Dr. Plank, der seitherige berühmte Verfasser der Geschichte der Entstehung und Fortpflanzung des protestantischen Lehrbegriffs, eines Meisterwerks ohne Seinesgleichen; so wie es auch, in ihrer Art, jene Kleinigkeit ist.

die meinige Tag ihres Lebens nie gesagt, daß sie mich liebe, wenn ich's schon bisweilen aus ihrem Verhalten merken mochte. In ihren bessern Stunden etwa pflegte sie die Eigenschaften eines Mannes zu schildern, der so und so leben und handeln würde; und fügte dann hinzu, daß sie einen solchen wohl lieben könnte. Bey schlimmer Laune hingegen fiel sie dann wieder über einen andern Mann her, der sich so und so betrüge, haarklein wie sie mich sich gedachte, knirschte die Zähne über ihn, und versicherte wohl einmal gar, einen solchen sollte man den Schweinen vorschnitzen. Dann mußt' ich die tröstliche Nutzanwendung schon zu machen. Bisweilen fieng's ein wenig Feuer; aber hundertmal hört' ich stillschweigend zu, und wo ich ein gut Gewissen hatte weit lieber als wann ich mir einer Schuld bewußt war. Sie will mich immer um sich, oder doch nahe bey sich haben, damit sie ihre Bußpredigten allemal früh' genug an den Mann bringen könne. Eheleute, sagt sie, müssen einander stets ihre Fehler vorhalten; aber wenn ich die ihrigen rügen will, heißt es: Ja ich bin wohl eine schwere Sünderinn — aber hier nicht — und da nicht — und dort auch nicht. So kömmt, wie ich fürchte, zwischen uns in Ewigkeit keine Herzenseintracht zu Stande. Ich liebe sie, wie ein getreuer Knecht seine Herrschaft liebt; und wenn ich sie, mitten in unserm beschwerten Haushalt, bisweilen so meisterlich handthieren sehe, denk' ich doch oft: Ulrich! sie ist noch viel zu gut für dich; ein schuldloser Mann wird nicht mit einem ſolchen Zuchtmeiſter geſtraft. — Ja, ja mein guter Heinrich *)! ich wüßte dir anderley zu ſchreiben; als etwa nur: Sie wär' mir zur Unzeit auf's Stu‑ dirzimmer gekommen; hätte in meine Briefe ge‑ guckt; ſie liebe eine mir widrige Freundin, leſe ge‑ dankenloſe Romanen, und habe ſchon mehr als einmal in einem Anfall von Eiferſucht gemault und gewaint. Lieber, lieber Mann! die meinige würde nicht ge‑ waint, aber geheult, und dir ganz anders geſagt haben, was eine Katze ſey. Und ſomit meynt' ich oft, ich wäre glücklicher mit deiner Karoline gefah‑ ren als mit meiner. Allein, ich kann mich betrügen; und alſo denk' ich wohl: Jene iſt für dich, und dieſe iſt für mich geſchaffen. Wir müſſen alſo beyde zu‑ frieden ſeyn.

27. Jul.

Es iſt denn doch wahr: Meine Frau iſt die bräſ‑ ſte unter allen; und glaubt mir's nur nicht, wenn ich etwa bey übler Laune das Gegentheil ſage. Mancher gäbe ſicher bey Tauſenden drum, wenn die ſeinige ſolche Eigenſchaften hätte; ſollt' ich denn fodern, daß ſie allein alle habe? Das beßte, red‑ lichſte Herz; verſchloſſene, aber innige Liebe, die nichts verdrängen, und nichts zerſtreuen kann; ihrer wirthſchaftlichen Talente hier nur nicht zu gedenken. „Welche Widerſprüche ſind das nicht in unſers „Vaters Tagebuch"! werden vielleicht einſt mein Sohn und meine Tochter ſagen, wenn ſie dieſe

---

*) Der Name des jungen Ehemanns, in dem beſagten Tagbuche.

Stelle lesen. Freylich, meine Kinder! So ist der Mensch, in ewigem Widerspruch mit sich selbst, und mit andern. Was hier von deiner Mutter geschrieben steht, Sohn! das schreibt ein Mann, der gleich dein Vater ist, wenn er dich prügelt, oder wenn er dir Brodt zuschneidt. Ich bin immer der gleiche Mann, und deine Mutter ist immer das gleiche Weib; und doch sind meistens Ich und Sie einander so ungleich, wie der Tag und die Nacht. Wenn sie nun in einer bösen Stunde so vor mir sitzt, mit emporgesträubtem Haar und wild funkelnden Augen, und ich gerade in einer solchen Lage zum Pinsel greife, wie kann da das Bild von einem Lamm zum Vorschein kommen. Ich kannte deine Mutter vier Jahre vorher, eh' ich sie zur Frau nahm; was ich damals an ihr schätzte, schätz' ich jetzt noch an ihr, und ist wirklich eher bewährter herausgekommen, als ich mir's niemals einbilden durfte. Die schlimme Seite hingegen hab' ich ebenfalls da schon wahrgenommen, und mich darinn eben so wenig betrogen, daß sie's vielmehr auch im Argen heut zu Tage noch ärger macht. — Und ist das hinwieder nicht auch ihr Fall? Was sie von Anfang an mir gehasset, das hasset sie noch; was sie liebte, liebet sie noch; und beydes wahrlich noch weit fester, als ich es nicht zu thun vermag. Im Lieben zumal, weiß ich, daß sie mich weit übertrift, und daß dafür ihre Beleidigungen nicht von Hasse oder aus Vorsatz herrühren. Es ist nun einmal so ihr eigen; ein Gewächs, das nicht wegzuschneiden wäre, ohne sie dem zeitlichen

Tod

Tod zu überliefern. Oft muß ich mich vor die Stirne schlagen, daß ich nicht lieben kann wie sie — so rein, und so vest. Hat sie gleich die Gabe nicht ihre Liebe zu Tage zu legen — und wäre mir doch eine allzu närrische Aeusserung derselben tödtlich zuwider — und ist's, kurz und gut betrachtet, gerade so eben recht — Warum kann ich denn nicht hinwieder lieben? — Nun, ich hege doch wahre Achtung für sie.

28. Jul.

Du möchtest mich aber unrecht verstehen, mein Sohn! und denken: Wie ich's auch bergen und drehen wollte, hätt' ich denn doch am End eine böse Ehe mit deiner Mutter. — Nichts minder, guter Junge! Wenigstens, wo es zehn beßre Ehen giebt als die meinige, giebt's dafür immer hundert schlechtere. So hab' ich z. B. während unserm ganzen Ehestande, einige kurze Weilchen ausgenommen wo ich nicht in meiner gewöhnlichen Fassung war, auch in meinen geheimsten Gedanken nie gewünscht — eine andre Frau zu haben; und dasselbe dürft' ich, fast mit noch mehr Gewißheit, auch von meinem Weibe versichern. Und doch sind wir bisweilen wie Feuer und Wasser — Welch Paradox! Nein gewiß die schönste Harmonie von der Welt. Wo ich zu viel Feuer hätte, schüttet sie gerade das rechte Maaß Wasser hinzu, um jenes in ziemlichen Schranken zu halten. Eben so mach' ich's mit dem ihrigen, wenn es mich bisweilen mit Haut und Haar verzehren will. So begegnen wir uns meist immer auf der goldenen Mittelstraße, so zu der rechten Stunde, daß fast nothwendig zwey solche Menschen zusammengehörten, wenn's beyden in der Welt leidenlich gehen sollte. Wahrlich, Passenderes, Treffenderes, Leidenschaft gegen Leidenschaft, die sich so die Wage halten, daß das Züngelchen immer senkrecht innesteht, läßt sich nichts denken. Ich weiß, wo ich Mann bin — wo ich's seyn muß — auch wo im Nothfall meine Frau Mann seyn könnte; das ich alles nicht wüßte, wenn ich an ihr mehr oder minder Weib hätte. Sie hinwieder weiß und muß wissen, daß sie denn doch Weib — aber freylich auch fühlen, daß sie eine wackere Frau ist; welches sie alles nicht wüßte, wenn Ich mehr oder minder Mann wäre. So hat auch jedes von uns gerade so viel, und solche Thorheiten, als das andre verdauen kann; gerade so viel Verstand, als nöthig ist, die Narrentheidigung des andern zu kunstrichtern, und besonders — zu tragen. Also ist wahrlich ihr und mein Loos in diesem seltsamen Glücksspiel, das man Ehestand heißt, noch so erwünscht als eines. Denn glaube mir's, Sohn! Freyen ist nicht Kappen getauscht. Oder woher sonst so viel Lerms in der Welt? So viel frühe Wittwer, und junge Wittfrauen? So viel erbarmenswürdige Waisen? So ganze Gassen voll Betelgesinds? So viel schmutzige Geschichten vor allen Consistorien? — So manch hundert Männer und Weiber werden jährlich zu Grab getragen, wo nur keine Seele an die wahre Ursache ihres Todes denkt. Da heißt's denn nur:

„Ach! der gute Mann, die liebe Frau selig, haben doch wahrlich früh' sterben müssen"! Ja, und zwar an keinem uns sonst bekannten Fieber. Geheimer Verdruß, im Busen erwürgter Gram hat ihr Herz gefressen, und das Blut in ihren Adern aufgezehrt. Das eine mochte in der gottlosen Kunst, dem andern wehe zu thun, Meister werden. Glücklicher sind noch die, deren dießfällige Talente einander das Gegengewicht halten, die sich um die Wette herumbeissen, sich wechselweise ermüden, und nach manchen ungetreuen Waffenstillständen endlich doch noch Friede machen.

30. Jul.

Blicke hinter dem Wald herfür, holde Sonne! Tausendmal hab' ich dich in den schauervollen Wintertagen, auf diesem Posten gewünscht! Dann warst du höher gestiegen; und kaum konnt' ich des Anschau'ns deiner Herrlichkeit ein Paar Male geniessen, stehst du schon wieder auf dem Punkt, dich herabzusenken. Warum doch mußten graue Nebel diesen Sommer über fast immer dein Antlitz verhüllen? Mir ist Stund' und Weile lang, wenn du dich hinter dem Vorhang verbirgst, und um und um wohl so bald du erscheinest; und wie auch immer deine Strahlen brennen, werd' ich deiner nie müde. Wer wollte böse werden auf die Völker die dich anbeten, und alle Morgen und Abend' ihre Kniee vor dir beugen? Hat doch auch mein Aug' noch nichts gesehn, das mich Gott ähnlicher dünkt, als dich — wie soll ich dich nennen? — Abglanz der Gottheit, sichtbares Ziel meiner Anbetung, du Ehre deines und meines Schöpfers? Die du so viele Millionen seiner Geschöpfe beleuchtest, und doch so wenige Verehrer hast. So manches Jahrtausend unser Erdhügel sich um dein strahlendes Antlitz dreht, hat dich doch noch niemand erkennt. Wer weißt dein Bestehen, wer mißt deine Grösse? Menschensöhne, die in ihrem vermessenen Stolz deinen Herrn begreifen wollen, können nicht einmal dich fassen. Bleibe darum immer der Gegenstand meines tiefsten Erstaunens, die Erweckerinn meiner ehrfurchtsvollesten Andacht, bis du einst die Fläche des kühlen Grabs, worinn mein Leib ruht, bestrahlest, mittlerweile mein Geist um dein flammendes Haupt schwebt, und ein: Ehre sey Gott und dir! in den Höhen singt.

31. Jul.

Nein den verdammten Ton, den haß' ich wie den lebendigen Teufel, an einem Mann, geschweige an einer Frau — geschweige an meiner Frau. Aber diesen Preußischen Commendantenton kann sie nun einmal nicht lassen. Ein Kind soll Weißzeug waschen; sofort heißt's: „Ich schlag' dich mitten entzwey — „brech' dir Hals und Bein — bring dich um u. dgl. „wenn du's nicht recht weiß machst". Gestern las' ich ihr zwar, wie schon öfters, ein tüchtig Capitel darüber. Aber, mein! Was helfen Capitel gegen eingewurzelte Neigungen? Freylich, wenn ich sanft rede, und ihr sogenannte vernünftige Vorstellungen

mache, da weißt sie vollends immer Tausende auf
Eins zu antworten. Und kurz: Itzt ist wieder einmal alles vorüber; sie ist meine Frau wie zuvor,
und ich ihr Mann wie vor Altem.

1. Aug.

Heute gieng meine Karoline mit mir zu Markte. Wenn ich sie so mitten in der allgemeinen Weiberwelt, unter hundert andern sehe, scheint sie mir doch wahrlich manches Vorzügliche zu haben. Ein Weilchen kann sie auch mitmachen, und lustig seyn. Aber dann ist wieder nichts als Aechzen, Grißgramen, Predigen und Catechisiren.

2. Aug.

Die rührendste Scene in unsrer Gemeinde, bey Mannsgedenken. Der Pfarrherr Rudolf Seelmatter, welcher derselben ehemals vorgestanden, nun aber seit 13. Jahren Seelsorger zu Oberbipp *) ist, kömmt vor vier Tagen, gewisser Geschäften wegen, wieder einmal unverhoft in unsre Gegenden. Da hätte man das herzliche Bewillkommen von allen Seiten sehen sollen: Männer, Weiber, Altes und Junges, wainten vor Freuden; und der trefliche Mann nicht minder. Man wußte ungefähr die Zeit seiner Ankunft, und wartete auf ihn wie auf einen geliebten Landesvater. Das Gedräng von allen Seiten, das Händedrücken, die freudigsten Zurufungen: „Nun ist mein Wunsch erfüllt, daß ich in meinen „alten Tagen unsern lieben, lieben Herrn Pfarrer „noch einmal sehen könnte" — „Mein Gott! ist's „möglich — kann es seyn"?⋅u. s. f. u. f. O der reinen Liebe eines rechtschaffnen Hirten zu seiner Heerde, und der Heerde zu ihrem Hirten — sie übertrift doch wohl alles, was sonst lieben heißt!

*) Canton Berns.

4. Aug.

Sagt mir doch, ihr Herren Philosophen — aber, ich bitte, mit kurzen Worten — plaudern kann ich nur mich selber hören; sagt mir doch, was das Ding sey? - Zwey gegen einander strebende Geister fühl' ich in mir. Nun möcht' ich wohl wissen, wie es möglich sey, daß diese beyden Ich, ohne Ursache einander so oft in die Haare gerathen? Da gelüstet das Fleisch, wie die Schrift sagt, wider den Geist. Aber, wie kann das Fleisch gelüsten, da es ja auch heißt, daß es ohne den Geist todt sey? — — Also ein thierischer Geist, der in meinen Adern steckt; und der andre — wie, wo, was Lands? Hurtig, heraus mit der Sprache! Aber, ihr werdet mir doch nichts Rechtes sagen. Ihr schüttelt den Staub ab, und geht? Nun, ihr thut wohl daran, da ich doch zum voraus gegen eure — oder vielmehr gegen jede — so geheissene Erklärung eingenommen bin. Lieber will ich über dieses zänkische Doppelding meinen Grillen nachhängen. Ist mir doch heute so tausendswohl, daß ich aus lauter Muthwill mit meinem bößten Freund zanken möchte, wenn ich zumal wüßte, daß er recht hätte. Und kurz, meine Herren! Ich glaube an einen Gott, der mich gemacht hat — wie er mich gemacht, und doch mir selbst es verborgen hat; und ich erstaune über mich selbst, wie über tausend andre seiner — Meisterstücke.

5. Aug.

Muß man's denn einem, der's nicht leiden kann, immer die Ohren voll schrey'n, und ihn mit dem verhaßtesten Mißklang zu Tode martern? Sollte man nicht schon die Kinder von frühester Jugend an lehren, das edle Glied ihrer Zungen im Zaum zu halten, oder es doch nur zu lieblichen Tönen zu gewöhnen? Hat doch der Schöpfer jedem Vogel eine anmuthige Stimme gegeben, oder ihn dann heissen — das Maul halten? Und der Mensch hingegen soll mit dieser köstlichen Gabe seine Mitmenschen quälen. Gott verzeih mir's! Aber ich fliehe davor als ob mich der böse Feind jagte, wo ich je in Gefahr gerathe, solchen männlichen Erztönern oder klingenden Weiberschellen in die Klauen zu gerathen. Und doch sind das nun einmal gerade meine mir, wie durchs Loos, bestimmte Erbfeinde, die mich stets und überall verfolgen, und zumal in meinem Hause sich wie ihren Tempel aufgerichtet haben. Und der Himmel weiß, wie mich diese Plaudertaschen all' meine Tage — ich denke für meine vielen Sünden — schon abgehabert*) haben. Doch einen gedoppelten Nutzen zieh' ich immer von ihnen; daß mir erstlich, wie's im Sprichwort heißt, meist der Halm**) in der Schelle sagt, was die Schelle sey? Und dann zu meiner eigenen Besserung: Daß so oft ich einer solchen Gesellschaft entronnen bin, ich mich selbst aufs Maul schlage, und zu ihm spreche: „Laß dir's zur „Warnung dienen, du." — — O ich wollt' ich könnte meinem Knaben einen eisernen Ring an den Mund legen, bis er sich zu mehrerer Stille gewöhnte;

---

*) Abgekanzelt.
**) Kehle.

und das Haar würd' ich mir ausraufen, wenn ich
denken sollte, daß er sein Häberzüngelchen von mir
geerbt hätte. Zwar geb' ich mich selber für nichts
minder als einen Wohltöner aus; aber das weiß ich
doch, daß ich so ziemlich — schweigen kann, wo
man mich nicht hören mag.

7. Aug.

Heute lag ich in früher Morgenstunde unter meinem Fenster, gegen Aufgang, und harrte, voll in-
nigen Wonnegefühls — die ganze Natur lag noch
in sanfter Stille — auf die Ankunft der lieben Sonne.
Mit Eins — O der Wärme um's Herz! O des
Entzückens! — blitzte ihre Gottheit hinter dem
dunkelen Wald hervor, und durchstrahlte die Wipfel
von hundert Tannen; mir war's als stühnden sie
mitten in goldenen Flammen, und versengten sich
doch nicht. O du, die schon 44. Jahre mir dein
goldnes Antlitz gezeigt, so oft mich in staunendes
Entzücken hingerissen, in der Welt herumirren,
meinen Standpunkt mich verändern sahst, und hättest du in meinen Busen blicken können, Millionen
Gedanken, hunderterley Gemüthsstellungen, anders
und immer anders würdest entdeckt haben — mittlerweile du hingegen stets unveränderlich, und dir
selbst gleich geblieben bist — unermeßlicher Leuchter,
auf Gottes Thron hingestellt, tausendmal Tausend
Millionen Geschöpfe zu erwärmen und zu beleuchten:
Hast du je meine Anbetung bemerkt? Ja, ich glaube, ich schließ' es aus deinem holden Lächeln, du
seyst meine Sonne, mir sonderlich warm; Sonn'

und Sterne erbleichen vor deinem Glanz — und meine Gedanken verlieren sich in deiner Bewunderung. Auch bist du mir immer neu, du herrliche Gotteskraft! Du stärkste Besiegerin des Unglaubens, unter allem was Augen erblicken können; mächtigster Beweis für die Macht und Güte deines Schöpfers! Dein Glanz macht meine Verehrung dieses höchsten Wesens eben so feurig als froh.... Ach! ich fühl' es wohl, das Unvermögen des Ausdrucks meines lallenden Munds. Aber darum sind die Augenblicke nicht minder selig, wo ich Gott meinen Herrn, und dich die hehrste aller seiner Schöpfungen lobpreisen kann. Göldner Morgen, wonnevoller Vormittag, süsser Mittag und Nachmittag, stiller Abend, dieses siebenten Augusts, noch lange werdet ihr mir unvergeßlich seyn!

8. Aug.

Man behaupte mir, was man will; ich sage ohne Prunk und ohne Scheuen: Das wahre Glück unsers Lebens hängt doch von keinen äussern Umständen ab. Wer Geld will, kann's noch bekommen; wer nach Ehre trachtet, kann sie haben; wer gute Tage will, kann sich's schaffen — wenn er zumal über die Mittel nicht allzuzärtlich ist. Aber Seelenruhe, unser ächtes Wohlleben, werden weder gute Tage, noch Geld, noch Ehre ihm nicht gewähren. Und doch, o göttliche Zufriedenheit! kann ein jeder zu dir ohne Mühe gelangen; nur muß er dich — ohne Accord annehmen. Aber eben, so wie du bist, will man dich nicht. Nein! sagen die Menschen: Eh' ich mir nicht noch so und so viel Schätze erworben, eh' ich nicht gerade zu der und dieser Stuffe der Ehre emporgestiegen bin, bis ich den übermüthigen N. N. werde gedemüthigt haben, bis mir die hübsche A. einen freundlichen Blick, oder wohl noch ein Mehrers giebt, — wie sollt' ich mich da zur Ruhe begeben? So aber kann die Zufriedenheit ewig am Weg' stehn, und euer warten. Doch du täuschest vielmehr dich selber, thörigtes Geschlecht! — O mein Sohn, nimm sie darum lieber nackend an, die edle Göttin, wie sie steht und geht, ohne ein einziges Bedingniß; und sie wird dir gewiß geben, was — ein reines Herz gelüsten kann.

9. Aug.

Mein Schöpfer hat mir den freyen Willen anerschaffen; den laß ich mir von keiner Frau rauben. Aber des Weibes Wille, heißt es vielmehr, soll des Mannes seinem unterworfen seyn. O das wollt' ich mich nicht unterstehen, zu sagen! Gott bewahre! daß ich jemandes, und am allerwenigsten meiner Frauen Willen unter den meinigen zwingen sollte. — Aber diesen möcht' ich eben auch frey behalten. Schon bey einem solchen Vertrage könnt's Prozesse über Prozesse geben, würd' ich nicht zu Fallszeiten mit meinem Willen davon fliehn — als ob ich gestohlen hätte.

11. Aug.

Mit der Zufriedenheit geht's immer besser. Heut ist's mir den ganzen Tag wohl; und der gestrige Abend, den ich theils auf meiner Kammer, und dann, als es zu dämmern anfieng, in meinem Gärtchen zubrachte — o mit solchen Stunden ist alles, was sonst noch Freude heißt, nur nicht zu vergleichen! Wie da mein Geist so unbefangen in dem hellen Sternenfeld herumirrte! Warum kann er das nicht öfters? Hat er nicht die gleichen Flügel? Freylich — aber nicht den gleichen Flug, wenn er sich etwa in Mordsten gebadet, wo ihm die Schwingen bleyschwer geworden. Doch, wozu diese Vorstellung? Sie ist düster — wie könnte sie nützlich seyn? Munter, Ulrich! Die Frau macht Besuche, die Kinder sind nicht bey Hause; alle Unruh' ist fort. Also auch fort, Kummer — Sorge vor die Zukunft — Furcht vor Alter, Tod, Grab und Ewigkeit; mein Besorger wird schon sorgen.

16. Aug.

Vorgestern gieng ich mit zween Kameraden des Abends noch bis Schwellbrunn. Dort trafen wir eine ganze Gesellschaft lustiger Appenzeller beyderley Geschlechts an, die von Urnäschen ab der Kirchweih kamen. Die Männer ziemlich artige Spaßvögel, sangen den Kuhreihen in der allerbesten Manier; und die Weiber waren durchgehends recht hübsche Dinger, von einer feinen ganz eigenen Art. Unter den Mädels fand' ich vollends so reitzende Gesichtgen, daß ich, alter Stock, nicht umhin konnte, mit einem aus ihnen mich näher einzulassen. Mit der unbefangensten Freymüthigkeit gab sie mir Red' und Bescheid, so verdachtlos, als wenn ich ihr Vater wäre. Sie hatte ein herrlich geformtes zartes

blendendes Stirnchen. Zwey schwarzbraune Aeugelchen
guckten unter den zirkelförmigen Augbräunchen so in
die Welt heraus, als ob sie unter lauter Engeln ge-
sessen hätte. Ihre beyden Wängelchen, nicht weiß
nicht roth, hatten — wenn auch Ich armer Wicht
ein neues physiognomisches Wort schaffen darf —
die Schönseelenfarbe. Dann ein Näsgen, vornen ein
wenig spitz, und doch breit genug; gegen den Augen
zu dünne; zwey Reihen Zähne, weiß, wie frischge-
fallner Schnee, wies sie bescheiden zwischen den
dünnen Rosenlippen eines Mündchens — ja! eines
Mündchens — ich sagt' es ihr in's Gesicht —
„Wenn das nicht nach ein Paar Jahren den schön-
„sten Frauenmund giebt, vielleicht auch den bered-
„testen, so" — — „Das würd' mich eben nicht
„freuen", unterbrach sie mich lächelnd. Itzt mußt's
geschieden seyn. Des Morgens macht' ich zu Herisau meine Geschäfte, ohne einigen witzigen oder
angenehmen Zufall. Auf dem Rückweg stieß ich auf
einen fremden Bürstenmacher. Beym ersten Blick —
ich war damals noch ein so scharfer Physiognomist
als einer — hielt ich ihn für einen Spitzbuben; beym
andern für einen Schöpsen. Anfangs war er by-
nahe mundtodt; erst, als er nach und nach auf seinen Kram und Gewerbe zu reden kam, merkt' ich,
daß der Kerl bey Weitem kein Narr sey. In
Diggen schlug ich ihm vor, ein Schöppgen zu trinken; allein er lehnte es ab: Er habe zu Herisau
und Schwellbrunn schon genug zur Sache gethan;
itzt geh's nach ***; und da hab' es der Wirth auch

nicht gern, wenn er nicht zwey nehme; mehr aber möge sein Handel nicht ertragen: „Aber, geh' du „nur 'nein", fuhr er fort, „ich will dir draussen „warten." — „Nein"! sagt' ich: „Komm' nur „mit, ich nehm' eine Halbe; an dich soll mich ein „Glas Wein nicht reuen". Ich mußt' ihn ernstlich nöthigen: Dann gieng der Marsch weiter. Der liebe Rebensaft hatte ihn offen gemacht; ich gewann sein Zutrauen, als wenn ich sein Bruder wäre. Itzt erzählte er mir seinen ganzen Lebenslauf so kindisch und einfach schön, daß es mir mehr Vergnügen machte, als — der ganze Bunkel. „Mein Vater „(sprach er) aus dem Speicher *) gebürthig, hatte „vier Weiber; als er die letzte nahm, waren meine „Frau und ich zusammengebrachte Kinder. Die „Stiefmutter haßte mich; wir Kinder hingegen wa= „ren einander von der ersten Stunde an lieb, und „wurden's je länger je mehr. Desto weniger mochte „jene mich leiden, und wollte mich kurz und gut „weg haben. Eines Tags verlog sie mich darum „bey dem Pfarrherr ganz ungeheuer. Ich gab ihm „klaren Bescheid; so klar, daß er nicht zweifeln konn= „te, ich rede Wahrheit und lauter Wahrheit. Er „rieth mir aber darum nicht minder, ihr je eher je „lieber aus dem Wege zu treten. Schon längst „hätt' ich's gerne gethan, Herr Pfarrherr"! sagt' ich; „aber ich durft' mir's nie zu Sinn kommen „lassen; denn mich hat's immer unrecht bedünkt, „wenn die Buben ihre Väter in den alten Tagen

*) In Appenzell A. R.

„so im Stich lassen. Er wolle die Sünd' auf sich
„nehmen, sagte der gute Herr. Was sollt' ich wei-
„ter einwenden? Doch redt' ich noch mit dem Va-
„ter selber; der antwortete mir mit Thränen: Ja!
„geh' nur in Gottes Namen! Dann eröffnete ich
„meinen Entschluß der Anne. Die fieng' nun
„vollends entsetzlich zu brieggen *) an, und sprach:
„Ich geh' mit dir! — Willst du? — Warum denn
„nicht? und wenn's auch zu beteln wäre. — Da
„war's mir, so wahr Gott lebt! als ob die ganze
„Welt mich begleiten wollte. Aber noch einmal sagt'
„ich: Ist's dir auch Ernst, Anne? und bot ihr die
„Hand dar; sie schlug dapfer zu. — Die Mutter
„that fürchterlich, und warf uns die Armuth bitter
„für. Ist's nur das? sprach mein Aenchen, war-
„um hat uns denn der Pfarrer zusammengegeben **)?
„Und kurz, es mußte nun seyn. Auch haben wir's
„bis auf diesen Tag niemals bereuet. Sie hat mir
„schon zehn Kinder gebracht; sieben sind noch am
„Leben. Wir lieben uns, wie in der ersten Stun-
„de. Ich lernte Bürsten machen. Sie hilft mir
„bisweilen arbeiten, und thut alles andre, daß ich
„für nichts weiter zu sorgen habe. Milch und Erd-
„apfel sind unsre Kost; und Liebe und Frieden wür-
„zen sie. Wenn ich meinem Gewerbe nachgehen
„muß, wainen allemal Frau und Kinder; ich kann
„mich auch kaum enthalten. Dann küssen sie mir

*) Nur Weiber, oder — weibische Thränen, wainen heißt
  in der Schweitz brieggen.
**) Ehelich eingesegnet.

„die Hände. Gott erhalt meinen Hans! sagt Aens
„chen; und: Gott b'hüt dich, Vater! die Jun=
„gers". Hier gab's eine Pause. Ich hörte hinter
mir schluchzen, sah' mich um, und die hellen Tro=
pfen rieselten dem Ehrenmann über die Wangen her=
ab. Dann fieng er bald wieder an: „O wie dank'
„ich dem Himmel, wenn ich so in der Welt r'um
„husire, und so viele Weiber finde, die ihren Män=
„nern auf hunderterley Weise das Leben verbittern;
„Leckermäuler, Hoffarthschwänze, die sie um Sack
„und Pack bringen, oder nach fremden Buben schie=
„len, oder sonst falsche Katzen sind; wie lob' ich mir
„dann mein wackres, treues Aenchen, und bin mit
„meinen Gedanken wahrlich mehr daheim bey ihr,
„als bey meinem Kram. Da find' ich nirgends
„Ruh' und Rast, bis es wieder nach Haus geht,
„gebe auch wohl meine Waar' etwas wohlfeiler um
„bald fertig zu seyn, und höre schon ein Paar Tage
„zum voraus den lieblichen Empfang mir in den
„Ohren klingen. Dann erzählt mir Anne, wie's
„ihr mit den Kindern und sonst gegangen; so
„thun's auch, meine Kleinen: Ich hinwieder sag' ih=
„nen haarklein was mir begegnet, was ich für
„Leuth' angetroffen; gutmüthige", (hier unterschlug
er schaamhaft den Blick,) „schlechte, mittelmäßige;
„was ich gelös't. Dann zählen wir unser Bürsten=
„geld; überlegen, was wir etwa für kleine Schul=
„den abzutragen haben, was wir wieder kaufen
„müssen, u. s. f. Nun bleib' ich wieder viele Wo=
„chen daheim". Ich fragte ihn, ob seine Kinder

auch

auch alle so gutherzig sey'n, wie ihre Muttter? „Ja"! versetzte er: „Freylich, wenn ich etwa so vom „Wandern zurückkehre, heißt es: Denk Hans! der „Bub, das Meidle wären mir bald über die Hand „gewachsen. Dann tröst' ich sie meist mit diesen „Worten: Frau, Frau! vergiß mir nicht, das wir „auch so muthwillige Dinger waren; und doch ist „Nenchen jtzt so brav, und Hans wenigstens kein „Schlingel. Bin ich aber vollends daheim, so ge= „horcht uns jedes auf's Wort. Und so kann ich „Gott nie genug danken für alles Gute das er uns „beschert, und für die wenigen Sorgen und Kum= „mer, die uns nur selten, und nie auf lange Frist „plagen. Itzt zumal sind so gute Zeiten für jeden, „der sich nur mässiger Arbeit befleissen will. Aber „auch während der letzten Theurung mußt' ich, „damals schon mit fünf Kindern, nie hungrig zu „Bethe gehn; und ich weiß wenig Tage, wo wir „nicht, Milch und Molken ungerechnet, unsre 10. „Pfund Erdapfel, das Pfund um einen Groschen, „rein aufgeessen, und noch ein Kleines ersparen „konnten". — So fuhr mein guter Bürstenbinder noch lange fort. „Wir haben Gott zu danken, „Gott sey gelobt"! war immer sein zweytes Wort. Ich mußte mich mit meiner ewigen Unzufriedenheit über die Gegenwart, und mit meinen zahllosen Grillen über die Zukonft, vor ihm in die Seel' hin= ein schämen. „Ha"! dacht' ich, „da hast du bei= „nah Halber gewiß wohl angebracht; so einen Mann „möchtest du wohl im Stand seyn, glücklich zu

„machen". Aber, was glücklich? Welcher König könnt' ihn glücklicher machen, als Er wirklich ist, und als eben die Könige es nicht sind? — Oder sollte etwa Hans geheuchelt haben, gegen mich, den er sein Lebtag noch nie gesehn, und schwerlich je wieder sehen wird; mit dem er zum ersten und letztenmal durch blossen Zufall ein klein Stück Weges seinem Brodt nachgieng, wie ich dem meinigen? O gewiß nicht. Er trug ein schwer Pack Bürsten; ich hatte auch meinen Bündel. Von Zeit zu Zeit ruhten wir ein Weilchen aus; dann wandelte sein Blick mit Wohllust rund umher in der Natur, die im schönsten Abendschimmer zu unsrer Seite, und schon in der Dämmerung zu unsern Füssen in der Tiefe lag. Es war Nacht, als wir zu Lichtensteig anlangten. Meine Kinder waren mir dahin entgegengekommen, und sprangen auf mich zu, so bald sie mich erkennen mochten: Bist du's, Vater? — und wie die Worte weiter lauten, welche — den Kunstrichtern so gemein scheinen, und für die Väter so köstlich sind. Mein Hans erstaunte: „Ist das dein Haussegen"? sprach er, und eine Thräne trat ihm in's Aug — sey es nun, daß er an seinen eigenen zurückdachte, von dem er sich immer weiter entfernte, oder — was ich lieber glauben will, daß meine Freude ihn theilnehmend rührte; denn er fuhr fort, nahm jedes bey der Hand, und: „Ne, ihr lieben Kinder, dank't „Gott; ihr habt 'en guten Vater; folgt ihm nur „hübsch". Itzt schieden wir von einander; meinerseits ungern genug. Seit der Zeit schwebt dieser

Hans wachend und im Traum mir vor Augen; so
gern würd' ich ihn mit mir nach Hause genommen,
und ein Paar Tage bewirthet haben. Aber da hätt's
Augen wie Feuerräder gesetzt, das weiß ich wohl.

17. Aug.

Das Gesicht meiner Bettesgenossin glich heut
einer fürchterlichen Wetterwolke, die alle Augenblick
einzustürzen droht. Tausend Vorwürfe, die sie schon
acht Tage lang stillschweigend zusammennotirt, les'
ich nur allzu deutlich auf ihrem Gesicht, das ich zwar
bloß so im Vorbeygehn anzublicken mich getraue.
Und doch bin ich mir nicht des mindesten bewußt,
das sie mit Grund mir vorzuwerfen hätte, als daß
ich nicht allen ihren Predigten mausestill herhalten
mochte. Gegen Abend wollt' ich auch meinerseits
mit einer Sermon ausrücken, und zuvor einen tüchtigen Fluchpsalm singen. Noch konnt' ich mich zu-
rückhalten. Sie merkt' es; aber mich dünkt, sie
will's aufs Aeusserste kommen lassen; Ich auch.
Aber o Gott! was soll am End daraus werden?

18. Aug.

Aber, wenn jtzt meine Frau schreiben könnte,
und auch ein Tagebuch halten wollte, Ulrich! wie
würd's hinwieder von dir lauten? Nun, ich will
einmal den Versuch machen, ihr aus dem Herzen
reden, und mir nicht im Geringsten schonen; nur
mit dem billigen Vorbehalt, daß ich mich nachwerts
auch geziemend verantworten dürfe. „Ach"! würd'
es heissen: „Ach! Ach"! (Denn ohne tausend
Seufzer könnte sie nicht zum Anfange kommen)

„Ach! ich arme Frau! hätt ich das in meinem Leben „gedacht, daß mir ein Mann einst so begegnen „würde! Und ein solcher Mann, den ich aus dem „Koth gezogen; ihn nur darum wählte, weil er mir „gefiel, und meinte, er sollte sich desto eher von „mir leiten lassen. Ach! hätt' ich denken dürfen" (mit starr gen Himmel gerichteten Augen) „o „Herr, meine Güte! Hätt' mir das einer gesagt, „daß er so alles nach seinem unbesonnenen Kopf „würde haben wollen, Ich immer bloß das fünfte „Wagenrad seyn müßte! Nelu! so kann's nicht „seyn, so halt' ich's kein Jahr mehr aus. Aber, „so geht's! die verdammten weltlichen Bücher ha= „ben ihm den Kopf verrückt. Er hört nichts, und „sieht nichts; alles muß ich machen, oder es wird „unrecht, oder bloß halb, oder gar nicht gemacht. „Zum Handeln taugt er für keinen Batzen; da „traut und baut er auf jeden H**; glaubt allen „Leuthen, nur seiner Frau nicht; giebt jedem nach, „nur mir nicht. Ach! wie manchen hübschen Gul= „den hat er schon an dem ersten beßten Schurken „hingegeben, dem wir unser Lebtag nachschauen „können; und Ich muß mir's so sauer werden las= „sen, wenn ich nur Einen erspinnen will. Und dann „das gottlose Saufen, das verdammte Einsitzen, „das schon so manchen um Leib und Seele gebracht. „Ach! wer weißt, was er noch thut — oder schon „gethan hat. Ach! es ist mir nicht um den Leib, „aber um seine arme Seele zu thun. Ja! wenn „kein Himmel und keine Höll' wäre — aber ach

"mein Gott! Ach! wie manche Kummerstunde hat
"mir nicht der entsetzliche Mensch schon gemacht,
"wo mich die entsetzlichsten Vorstellungen bald zu
"Tod' quälten. Itzt sah' ich ihn von Weib und
"Kindern in die weite Welt hinaus entlaufen; ein
"andermal erblickt' ich ihn unter Mörder-Händen;
"wieder ein andermal, wirklich entleibt, in einem
"gräßlichen Tobel liegen; noch ein andermal im
"wilden Strom mit dem Tode ringen, und hört'
"ihn ganz vernehmlich um Hülf' rufen. Wieder
"andremal' dacht' ich mir ihn im Rausche, Puh!
"bey einer gottesvergeßnen H** in der größten
"Schandthat begriffen; sah' schon den Amtsdiener
"kommen; dann die verdiente Bestrafung, und mei-
"ner und meiner Kinder Jammer dabey. Denn
"was sollt' ich wohl anders denken können von einem
"Menschen, der so sinnlich, so geschwind zu verfüh-
"ren ist, und itzt weder Achtung noch Liebe mehr
"für mich hat. Ach! was soll ich denken? Vor
"mich gäb' ich keinen Pfifferling mehr um alle Flei-
"scheslust — man sollt' einander sonst lieben; aber
"es ist mir nur für ihn; und Gott weißt's, wie
"viele Vorstellungen ich ihm schon gemacht, wie
"viel hundert und wieder hundert Mal gepredigt
"habe; aber, aber alles umsonst. Ach! ich meyn's
"doch, bey allem meinem angebornen Ernste so herz-
"lich gut mit ihm, und andre hingegen faul und
"falsch; und der arme, elende Tropf kann's nicht
"erkennen. Ach! das Herz im Leib möcht' mir
"zerspringen, wenn ich so manche Frau in einer

„glücklichen Ehe erblicke, deren Mann ich den wes
„nigen vorgezogen habe: Wie haben's die so gut,
„ihre Männer immer um sich; wissen was sie thun
„und denken, und können's so zu sagen um den
„Finger 'rum winden. Ach! wann wird's mir zu
„lieb, daß ich's auch mit meinem so machen kann?
„Da würden wir mit einander nichts thun als ar-
„beiten und beten; die Kinder in guter Zucht hal-
„ten; uns — nebst einem Schälchen Kaffee — mit
„lauter wohlfeilen Speisen, Erdäpfel und Birrn-
„schnitzen nähren; uns dann etwa an einem Abend
„gemeinsam mit frommen Gesprächen über die sünd-
„haften Welthändel erbauen. Aber, o Herr mein
„Trost! da muß er mir in Allem zuwider seyn.
„Zum Arbeiten ist er zu faul; zum Beten zu gleich-
„gültig, steckt lieber die Nase in hundert Narrenbü-
„cher, oder schreibt seine Grillen in ein ewiges
„Buch, das weder Anfang noch Ende hat; oder
„staunt, wie ein halber Thor, Stunden lang Him-
„mel und Erde an, beguckt jedes Gräsgen wie ein
„Kräutler, und macht stille Betrachtungen darüber,
„daß ich nicht weiß ob's Tag oder Nacht ist, und
„jedes Wort aus ihm herauszwingen muß. Ich
„möchte gern sparen, nicht aus Geiz, sondern um
„einen Nothpfennig auf die bösen Tage beyseitzu-
„legen; Er lebt lieber gleichgültig in den Tag hin-
„ein. Ich möchte meine Kinder in der Ehr' und
„Lehr' Gottes erziehen; Er wendet immer ein,
„wir seyen auch so junge, muthwillige Häute gewe-
„sen. Also, gegen keine Seel' ist er streng' als

„gegen mich, und gewahrt Fehler an mir, die er
„an keinem Jud' oder Heid' entdecken, und vielleicht
„an seinen Freunden gar noch zu Tugenden machen
„würde", u. ſ. f. u. ſ. Alles mit Mehrerm.

19. Aug.

Nun, meine ſtrenge Gebieterin! hab' ich deine
Beſchuldigungen gegen mich in aller ihrer Stärke
vorgetragen; itzt — halt ſtill — mußt du auch die
meinigen hören. Vor allen Dingen, beſchwer' ich
mich über die bittern ausſtudirten Vorwürfe, womit
du täglich mich und unſre Kinder überſchütteſt; und
was du noch dazu für Geſichter und Gebehrden zu
ſchneiden, mit den Zähnen zu knirrſchen, und das
Haar zu ſträuben gewohnt biſt. Dann für das zweyte über deine angeborene Unart, von mir und den
meiſten Menſchen immer nur das Aergſte zu denken,
und über ſie die heftigſten unbeſonnenſten Urtheile
zu fällen. Drittens über deine gänzliche Unempfind-
lichkeit gegen alles was Freud' und Vergnügen
heißt, oder was in der lebenden und lebloſen Schöpfung ſonſt in jedermanns Augen Reitz und Schön-
heit hat. — Doch, wir wollen lieber von Punkt zu
Punkt gehn. Ja! ſauber haſt du mich aus dem
Koth gezogen; Ich denke, wohl eher hinein. Deine
Abſicht mochte dahin zielen, mich als einen ehrerbie-
tigen Sklaven unterm Damm zu halten; da gieng'ſt
du freylich gewaltig irre. Daß du aber hinwieder
ſtumm ſeyn, oder ſo ſtreng arbeiten ſollteſt, als du
es wirklich thuſt, das war gewiß niemals mein
Wille; bloß dächt' ich, deine Zunge dürft' etwas

minder schlangenartig, und deine Arbeit mit weniger Poltern, mäßiger, und vielleicht in die Dauer nur desto ergiebiger seyn. — Was die Handelschaft angeht, so gesteh' ich gerne, daß sie mich ein starkes Lehrgeld gekostet — aber, du kannst es wissen, uns auch schon manchen hübschen Gulden eingebracht hat; und daß, wo etwa die Geschäfte durch deine Hand giengen, du mit all' deiner Vorsicht nicht übel gepreßt worden bist. — Den Wein lieb' ich als einen Labetrank, das ist wahr; aber ich trau' ihm so wenig als den Weibern, und weiß inner zwanzig Jahren kaum drey Male, da er mich freylich zum tüchtigen Narrn gemacht. Itzt aber soll ich dafür dein Vertrauen mein Tage nicht mehr gewinnen, so viele Proben ich dir gegeben habe, daß ich auch in dem Stück meiner Meister bin. Mir hatte es die drey Male wohl noch leider gethan als dir; und nur gebrannte Kinder kennen das Feuer. — Was dann die ungeheuern Schreckbilder deiner Eifersucht betrift, so geb' ich dir so wenig Anlaß dazu wie möglich; gewiß keinen mit Vorsatz, und noch minder einen begründeten. Wenn ich so meinem Berufe nachgehn muß, weißt du wohl nicht, wie viel Zeit es oft erfodert, seine Sachen gut zu machen, und was Einem für unerwartetes Ebentheu'r aufstößt. Das hab' ich dir schon hundertmal gesagt. — Aber du sagst, du kennest mich; ja! wenn das ist, so kenn' ich selber kein Pünktgen an mir. — Du klagst über zu wenig Achtung und Liebe; und doch, weiß Gott! wie viel Gewalt ich mir schon über diesen Hauptpunkt angethan, aber mir's darum nicht verbergen kann: Daß wer so heftige und beständige Liebe verlangt, wie du, auch Eigenschaften an sich haben, oder zu erwerben trachten muß, welche liebenswürdig sind. So weißt du z. B. daß mir das ewige Binden, Hofmeistern und Predigen für Nichts und wieder Nichts in den Tod zuwider ist; und doch wächst dieser Hauptfehler immer üppiger an dir. — Dein Gutmeynen vergelt' ich dir auch mit herzlichem Gut - — Meynen. Daß ich zu träg' zum Arbeiten sey, hast du zum Theil Recht; zum Theil ist's eine arge Verleumdung. Immer einerley strenges Werk, es ist wahr, hab' ich mein Lebtag nie geliebt, und doch ziemlich viel gethan; denn das öftere Umwechseln einer schweren Arbeit mit einer leichtern, war dafür immer meine höchste Lust, und ist es noch auf den heutigen Tagen. Ganz aber steckst du im Irrthum, wenn du wähnst, ich lese und schreibe bisweilen aus bloßer Faullenzerey; und doch weiß der Himmel, wie ich die Weilchen dazu stehlen muß, und sie nicht ohne Schweiß und Mühe wieder einbringen kann. Indessen ließ ich mir's doch nicht nehmen, so wenig als du dir dein Plaudern und alle Welt Meistern. Auch hast du's wohl eben meinem Lesen zu danken, daß dein Mann so manches vertragen kann, das ihm sonst unerträglich fallen würde. Und eben so verhält' es sich mit dem Geschreibse; hab' ich doch schon so unzählige Mal meinen Unmuth, der sonst dich, mein Schatz! getroffen hätte, einem guten schuldlosen Blatt Papeir ange-

fleckſt! — Die Kinderzucht betreffend, könnten wir bald Eines Sinns werden, wenn wir uns nur erſt über die groſſe Wahrheit verſtühnden: Daß ein gutes Beyſpiel mehr werth iſt, als hundert Sermonen. Das Gebet angehnd, denken wir über die Vortheile deſſelben wieder gleich; aber über die beßte Art und Weiſe zu beten, deſto minder. Dein mir in die Ohren ſchrey'n, das du Vorbeten nenneſt, kann ich nun einmal nicht leiden. Der Himmel kennt mein Herz, und hört mein Gebet, wenn du's gleich nicht hören darfſt. — Endlich Hauſen*) und Kratzen — Alles hat ſein Maaß und Ziel; und, ich denke, ſo mit Manier, und nicht gerad' aus allen Leibs- und Seelenkräften, oder gar noch über dieſelben, iſt's am Beßten. Wenn's mit hübſcher Manier ſeyn könnte, möcht' ich wohl auch ſo einen Nothpfenning beyſeite legen; iſt's aber nicht möglich, nun ſo denk' ich: Der Gott, welcher heute lebt und giebet, wird es auch Morgens thun.

Ueberhaupt ſagſt du, ich ſey ſo ſtrenge mit dir; und Ich meyne, nichts minder. Bisweilen zeig' ich dir deine Fehler an; würd'ſt du die meinigen ſeltner und weniger bitter rügen, glaub' mir's, ich wollte den deinigen nicht ein Haar anrühren. Doch thut dieß Rügen, wie du ſelbſt ſagſt — nur mit Beſcheidenheit — vielleicht Beyden gut. — Lieben, noch einmal — Ach! ich liebe dich, mehr als du denkſt, und bin auch von deiner Gegenliebe verſichert. Aber, meynſt du, doch nicht zärtlich? Und Da mich auch

*. Spahren.

nicht. Ich liebe dich als ein Geschenk des Himmels, d. h. als eine väterliche Züchtigung; du mich als deinen ungerathnen, eigensinnigen Herrn, dem du doch immer befehlen kannst, wenn er dir schon nicht immer gehorchen will. Kurz: Du hältst dich für unglücklich; und doch giebt es Weiber genug, die sich an deiner Stelle selig preisen würden, das weiß ich, und, das ist auch wahr, Männer, die sich just eine Frau wünschen möchten wie du bist. Wär's also nicht am Beßten, gerad' auch Wir könnten mit einander zufrieden seyn? Laßt sehn!

20. Aug.

Nun, mein treues liebes Weib! Wollen wir, oder wollen wir nicht? — zufrieden seyn, meyn' ich; und dafür alle weitern Versuche, einander abzuhobeln, abzufeilen und abzubürsten, bis wir so ganz glatt und eben aus jedem Punkt zusammenpassen — in Gottes Namen — bleiben lassen. Siehst, es wird so nichts d'raus. Eheleuthe in solchem Alter sind wahrlich Thoren, wenn sie noch etwas an einander zu ziehen gedenken, und zumal zwey so eigenwillige Geschöpfe, wie Ich und Du sind. Ich habe Dich, und Du mich gewählt. Haben wir einander betrogen, wie Du immer denkst, und Ich bisweilen, so sind wir wett *). Du meynst, Du habest recht, Ich auch; wieder wett. Du willst dir von deiner Meynung nichts nehmen lassen, Ich auch nichts; abermal wett. Weil wir nun dergestalt überall wett sind, was wollen wir zanken? — Aber Ich begehre

*) Quitt.

den Vorzug, und daß Du nachgeben sollst, weil ich Mann heisse; und du, sagst, begehrest ihn, weil du klüger seyst. Was ist nun da zu thun? Wollen wir ewig um den Vorrang streiten, welcher Theil in der schönen Kunst zu weichen — minder geschickt seyn soll? Ey nicht doch, wir wollen Friede schliessen. Laß Du etwas von deinem Recht fahren; Ich will es auch thun. So, so, mein Schatz! Was gilt's, wir werden noch einander gerade recht — einmal gewiß, wenn das Eine todt ist *).

*) Hier ist eine grosse Lücke, wovon der Verfasser in der Handschrift die Ursache anführt, welche aber für den Leser ganz gleichgültig seyn kann.

21. Dez.

Den ganzen Herbst durch hatten wir äusserst nasses und rohes Wetter, und der Winter stellte sich mit alle seinen Schauern in hiesiger Gegend schon vor bald sieben Wochen ein. Einige Tag' her, und noch gestern, macht' es vollends eine Kälte fast ohne ihresgleichen. Heute noch vor Tag betrachtete ich den spiegelhellen Himmel; vor dem schneidenden Frost konnt' ich's nicht lange aushalten, als es mit Eins in Berg und Wald zu murmeln anfieng, dann allmählig ein sanftes Säuseln von Mittag her kam, bis endlich mit anbrechendem Morgen ein entschiedener lieblicher Südwind den blauen Nord schnell durch's Thal hinab jagte. Itzt kam die Sonne auf ihrem niedrigsten Standpunkt hinter dem Hügel hervor, und machte den kürzesten Tag im Jahr zu einem warmen lieblichen Frühlingstag, der Menschen und Thiere erquickte. Halberfrorne Vögelchen hüpften freudig herum; Ich stellte meine Bluhmenstöcke ans Fenster, tränkte sie, und badete mich selber in tausend Vergnügen.

22. Dez.

Heute sind es gerade 45. Jahre, seitdem ich das erstemal diese Welt mit meinem Zettergeschrey begrüßt habe. Gott! welch ein Schritt auf einer so kurzen Pilgerbahn. Noch einmal so viel, wären Neunzig; und wer erreicht dieses Alter in unsern Tagen? Unter Tausenden kaum einer; und wenn der Höchste es in meine Willkühr stellen wollte, die Zahl meiner Jahre zu bestimmen, in welche Verlegenheit käm' ich dann erst! Bald würd' ich wünschen zur Stunde zu sterben, bald so alt zu werden wie Methusalem. Wie gut ist's darum, daß jener letzte Tag vor meinen Augen verborgen liegt. Vorwärts ist alles dunkel; hinter mir alles wie ein langer Traum; im ersten Zurückblicken nur wie ein Morgentraum, aber bey ernsterm Zurückdenken, wie eine lange Kette von Träumen. Erinnr' ich mich meiner ehemaligen Irrgänge, so wird mir alles schwarz vor dem Blick, und ich mach' je eher je besser einen Seitensprung mit meinen Gedanken; desto länger und lieber verweil' ich mich bey so mancher schuldlos genossenen Freude, und — auch nicht ungern bey der überstandenen Noth. Oft erblickte freylich mein verzagtes Herz während meinen Verwickelungen nichts als Tod und Untergang; dann fragt' ich mit Hiob: Warum hast du mich aus meinem Nichts gerufen? Aber wie bald mußt' ich jedesmal die Hand auf den Mund legen, wenn ich deutlich sah', wie meine eigene Thorheit an Allem Schuld trug, und die Strafe niemals so groß wie der Fehler war; der Fehler zumal, daß ich mich immer nur zu bald wieder in neue Labyrinthe verwickelte, gerade wie das unachtsame Israel unter den Richtern. Oft hab' ich mich an diesen Juden geärgert, und doch so selten es besser gemacht. Ulrich! dacht' ich dann: Wenn eher wirst du denn einmal durch fremden und eigenen Schaden klug? Dacht' es wohl Tausendmal, und bin bis zu dieser Stunde noch nicht viel klüger geworden. Ein wenig, meyn' ich doch, möcht' aber

nicht brauf schwören. Und dieses Wenige hab' ich
nicht einmal der eigenen reifen Ueberlegung, sondern — man heiße es wie man will — Ich will es
meinen Engel nennen, den mir des Himmels Güte
zur Leibwache gegeben — also diesem meinem Schutz-
geiste zu danken, der mir so besonders gewogen ist.
Oft war's mir, ich fühle sein Umschweben, seinen
milden Einfluß handgreiflich. Dann brannte mein
Herz; ich war von Dank gegen ihn bis zu Thränen
gerührt, und hätt' ihm einen Körper gewünscht,
daß ich ihn küssen könnte.

30. Dez.

Gott! wie flattert der Geist deiner sogenannten
vernünftigen Geschöpfe in deiner Welt herum; setzt
sich, gleich Schmetterlingen, bald auf Blumen,
bald auf Sümpfe; saugt bald Honig und bald Gift
ein, und theilt beydes wieder andern mit; mittlerweile deine leblosen Werke, Sonne, Mond und
Sterne, ihren grossen Gang fortgehn. Hier will
Joseph, wie es heißt, reformiren, und setzt ganze
Provinzen in Aufruhr. Dort hinwieder möchte ein
kleines Bauernvölkgen, in seinem engen Kreise,
Wind und Wetter besser haben, als es dem gefällt,
der Wind und Wetter schuf. Aber eben, der droben wohnt, lachet ihrer beyder; giebt Staaten ihren
Schwung, und Blitzen ihre Leitung; alles so still,
so fein und so passend, daß es in den Augen der
Engeln eine Lust ist. Da stehen dann die Söhne
der Menschen, neben ihren zerstörten Entwürfen,
staunen Himmel und Erde an; und heißt's denn

etwa: „Das hätt' ich nicht — das hätte kein „Mensch gedacht"! und schmieden wieder neue Projeckte, die — weder klüger noch dauerhafter als die erstern sind *).

*) Um diese Zeit wandelte unsern Verfasser ab seinem zeitherigen Geschreibe ein ordentlicher Eckel an; und die sechs oder sieben letzten Blätter tragen wohl wirklich nicht ganz sein gewohntes Gepräge. So auch die gleich folgenden kurzen Fragmente des Tagebuchs vom J. 1781. welche in der Handschrift selber nicht viel über zwey Bogen ausfüllen; und das zumal auch darum so kurz ausgefallen ist, weil er in diesem Jahre hauptsächlich seine merkwürdige Lebensgeschichte schrieb, wovon die folgenden Tagebücher von 1782. an die Fortsetzung sind. Also werden wir bald — und in dem zweyten Bändchen derselben zumal — wieder ganz andre Dinge hören. A. d. H.

Fragment
des
Tagebuchs
vom Jahr
1781.

1. Jan.

Wie alle Jahre, so auch heute, ist mir dieser Tag der feyerlichste, und meist auch der frohste unter Allen. Mein Herz, Troz allem Geldrm der Menschen um mich her, ist so still, wie der heitere Himmel über mir. — Dieß Jahr, hab' ich mir's fest vorgenommen, wenig Unfug mit dem weissen Papier zu treiben, und desto mehr mich dieser schönen Welt, in meinem Innern zu freu'n.

7. Jan.

Eine herrliche, überhaupt so vergnügte Woche, wie Eine in meinem Leben; ein Weilchen Kopfschmerzen ausgenommen, das ich mir vorgestern durch langes Wachen und starkes Tobakschmauchen selbst zugezogen; und dann ein Paar Stunden grißgerämscher Gedanken, über widriges Zeug, das mir zumal von andern in die Ohren geraunt wurde. Aber das war Alles wie Eins gegen Hundert in Vergleichung mit dem vielen Guten, das mir zu Theil worden. Arbeits genug, und leichte Arbeit; und vor Allem aus ein gänzlich ungetrübter Hausfriede — welch ein Glück!

28. Jan.

Fast eben so der ganze Monath. O könnt' ich mein kleines Händelchen immer auf diese spielende Art treiben. Nur von ein Paar angreifenden Begegnissen, eben in meinem Beruf, könnt' ich erzählen; aber dann dürft' ich's auch nicht verschweigen, daß ich bey genauer Untersuchung mich selbst nichts minder als unschuldig erfunden habe. — Bey Hause, obschon bisweilen etwas Nebel auffsteigt, ahnd' ich doch aus gewissen Aspekten, daß es dieß Jahr des stürmischen Wetters unter meinem Dache weniger geben wird.

25. Febr. —

Auch mit dem Februar wollen wir nur zufrieden seyn. Sturm und Stille, Kälte und Wärme wechselten denn doch immer ab, voraussen und in meinem Busen. Schwerer Arbeit gab's dießmal mehr, bisweilen ein Bißchen zu viel, daß sie mich verdrießlich machte, beym Gedanken daß der davon abfließende Gewinn etwas weniger als — Nichts war, und mir denn doch alle Zeit und Muße raubte. Freylich sollt' ich denken, daß ich auch schon oft doppelten Lohn erhascht. Und wozu sollt' ich meine Zeit sonst anwenden, als zum Arbeiten? Zum Lesen und Denken etwa? lispelt mir ein — guter oder ein böser? — Geist zu. Soll' ich ihn hören *)?

---

*) Unser Verfasser zeigt mehrmals am Schlusse eines gewissen Zeitraums seine Lektur an. Dießmal rühmt er besonders den Nutzen, welchen er aus dem Weissischen Kinderfreunde gezogen.

16. März.

Noch wäre sonst immer Alles erträglich. Aber dießmal fehlt es Ulrich an einer Hauptsache: An einem — guten Magen. Lange meint' ich ihn mit Schaffhauser-Feuer *) auszubrennen. Die Cur war lustig, und schlug Anfangs nicht übel an. Aber ein solches Getränk macht Blut; und auch von dem ist zu viel ungesund. Da empört sich oft alles in mir: Erst fängt's in den Händen zu winseln an; dann drängt's mir gegen dem Herzen, und verlegt mir den Odem, daß ich im Gesicht roth und blau werde, u. s. f. Also werd' ich wohl einen bessern Arzt rufen müssen.

18. März.

Nein! ich kann's nicht lassen, mein Herz ist zu voll. O der herrlichen Tage, wie wohlthätig für Leib und Geist! Kaum hab' ich — eben vor lauter Lust — zu wenigen Zeilen Zeit. Wie das schöne Weltlicht einem wieder durch Mark und Beine dringt! Wie die Wälder ertönen! Siehst dort die ersten Blühmchen erwachen, und Gräschen und zaserigte Kräuter aus der erstorbnen Mutter hervorgucken! Und dort die Immen, wie sie haufenweis kommen, mit ihren goldgelben Höschen? Auch meine Blühmenstöcke sträuben sich in der freyen Luft, und lachen der holden Sonne entgegen. O der tausendfachen Freuden, wenn das Herz recht gestimmt ist;

---
*) Schaffhauser-Wein, der im Land Tockenburg häufig verbraucht wird.

Freuden die kein Weltschm—n *) genießt. Heut Morgens frühe gieng ich mit meinen zwey jüngsten Töchterchen übern Bach, der so hell' und sanft davon murmelte, daß man's ihm nachmachen mögte, wenn's nur einer könnte. Ich kletterte mit ihnen den Fels hinan; wir krochen im Gebüsch, im Moos und dürren Laub herum, und jauchzten überlaut. Dieser Auftritt rief meine eigenen Kinderjahre in mein Gedächtniß zurück: Ha! dacht' ich, daß du mußtest ein brausender Jüngling, und dann ein sorgenvoller Mann werden. Hier floß eine stille Zähre — ich mocht' es nicht erwehren.

*) Neugeprägte Worte von der Art lassen sich vor den Augen der feinern Leserwelt nur verkürzt abdrucken.

22. Apr.

Noch nie hab' ich unser Thälchen in solchem lieblichen Reitz' erblickt, wie nun seit etlichen Tagen. Ist's möglich, daß Dichter und Mahler sich noch erst mit Idealen von sogenannter verschönerter Natur plagen, bey solchen Originalen? Und unser thörigtes Geschlecht überhaupt, mit Idealen von Glückseligkeit, bey solcher Wonne? Hörst's, wie die lustigen Bürger in den Lüften und Wäldern so gesellschaftlich jubiliren? Siehst's, wie das Bienenvölkchen sich so munter und einträchtig in den Bluhmen herumtummelt? Nur das wunderliche, vieltönnende Volk der Menschen kann das nicht! — Wie? soll denn euer Balgen und Keifen, und Gesichterschneiden ewig währen?

13. May.

„Man möcht' ein Mayenkäfer seyn, und so recht „in allen diesen Schönheiten herumwühlen", sagt ein gewisser lebhafter Schriftsteller. Mich däucht's bisweilen eher, ich möcht ein Vögelchen seyn, um desto geschwinder von einem Gegenstande zum andern hinüber zu eilen. Aber, ich denke denn doch, wie wissen — beyde nicht was wir wünschen, und haben tausend Vorzüge vor dem lustigen Vogel, geschweige vor allem Ungeziefer voraus, wenn wir sie nur besser zu gebrauchen wüßten. O der Mensch, der sehen und fühlen kann, und so unter Gottes kleinen und grossen Werken in der Mitte steht, braucht wohl keiner Flügel, um sich alle Augenblicke an neuen Wundern zu ergötzen. Er darf nur langsam, Schritt vor Schritt, durch eine von Thau glänzende Wiese, oder des Morgens durch das Gehölz schlentern, wenn die belaubten Aeste sich wie die Wellen einer sanft bewegten Meeresfläche wogen, und die Sonne querhin zwischen den Stämmen durchblitzt, daß alle Waldblühmchen sich ihr entgegen neigen, und in Gold glühen; dann auf einem Hügel mit einmal ein ganzes Thal im Frühlingsschmuck angethan, überblicken; wie sich die Thur mitten durch zierliche Matten still hinabwindet, die beglänzten Mauern der Berge auf der einen, die erquickenden Schattenhalben auf der andern Seite; u. ſ. f. u. f. Ich meyne, die Stunden dürften ihm wohl zu Minuten werden *).

*) Vom May an bis zum Dezember eine völlige Lücke.

1. Dez.

So sey's denn. Immer mögen graue Nebel über alle Berge herunterhängen, der Nord unser Thälchen durchpfeifen, und die ganze Natur in blankem Eise starren — Ich will Frühlingsliederchen singen, und mich in der Hoffnung der nächstkünftigen Lenztage freuen, bis sie wieder da sind. Immer mag die schnurrende Bise auch an mir anprellen; in meinen warmen Kittel gehüllt, die Mütze über die Ohren gezogen, kann ich ja immer Frühling — im Sinn haben. Kaum einer Spanne hoch blickt mir jtzt die Sonne schräg über die Alpen her; aber bald wird sich die hehre Heldin wieder zu uns wenden, und immer höher steigen. Mag immer der Januar noch etliche herbe Tage bringen. Geduld! ich werd' ihnen Trotz bieten. Noch einen kleinen Sprung, und sie sind weg. Dann lacht im Februar uns schon wieder manche liebliche Mittagsstunde entgegen. Im März giebt's der schönen Abenden viele. Den April kennen wir alle; und der holde May — folgt ihm ja auf dem Fusse nach.

5. Dez.

Gestern ward meines Vaters sel. ältester Bruder Michael, im Ein und Achtzigsten seines Alters, in die Mutter Erde hingelegt. Er wohnte in einem hohen Berge, in der Sittigen genannt. Ich und Bruder Georg gaben ihm das Geleite nach der neuen Heimath. Der Pfarrherr N. N. hielt die Leichenrede über die Worte Jakobs, als Pharao fragte, wie alt er sey? — Doch was will ich Predigten recensiren? Gleichwohl hätte mir diese Sermon Anlaß zu tiefen Gedanken gegeben, wenn ich vor Frost nur hätte denken können. Noch blieb mir eben so viel Besonnenheit, eine Person zu begucken, von der das Gerücht sagt, daß sie des erbaulichen Predigers — Maitresse sey. Als wir der Leiche entgegen giengen, mußten wir gegen dem Ammelsperg zu stark bergan steigen. Hier war's immer wärmer. Duft rieselte, wie Silber, aus den Buchen herab Ein lieblicher Himmel wölbte sich über uns; zur Seite hatten wir immergrünes Nadelgehölz; zu unsern Füssen allein grausen Nebel. „Gott"! dacht' ich, „wie schön ist's doch, auf den Bergen zu „wohnen. Nur diese häßlichen Dünste verhüllen „uns andern so oft das holde Antlitz der Sonne. „Achtzig Jahre hat nun Vetter Michel das Leben „auf dieser herrlichen Anhöhe genossen; jtzt muß er „noch ins Thal zur dunkelen Gruft hinabwandern".

Tagebuch
vom Jahr
1782.

1. Jan.

Ich hasse das gedankenlose Geplauder von Wünschen; darum blieb' ich gerne an diesem Tag bey Haus, und geniesse in süsser Stille des ruhigen Nachdenkens über Vergangenheit und Zukunft. Soll ich mir selber etwas wünschen, so ist's, daß der Geist der Liebe und Eintracht immer mehr zwischen den vier Wänden meiner Hütte regiere; und das gleiche wünsch' ich jedem braven Mann und Weib in unsrer Grafschaft Tockenburg. Weiter in die Welt hinaus darf ich ohnehin mit meinen unmaaßgeblichen Wünschen mich nicht wagen.

Und nun fang' ich sofort mit Heute die Fortsetzung meiner Lebensgeschichte an. So allerley, wie's steht und geht, und so kurz wie möglich; denn Geschäfte hab' ich dießmal genug: Gestern (es war Markttag) konnt' ich bis Abends kaum Zeit finden, ein Glas Wein zu trinken.

Seit ein Paar Wochen redet man an allen Ecken im Land von nichts als von Schelmen und Diebsstreichen. Und wirklich ist heute Morgens um 3. Uhr etlichen solcher Herren auch der Gelust angekommen, mir einen Besuch zu geben. Noch war ich indessen so glücklich, von dem Gepolter zu erwachen, das ein von innen mit grosser Gewalt losgerissener Fensterladen verursachte; und ich hatte Muths genug, mich, mit einem tüchtigen Sparren bewaffnet, zur Nacheile auf die offene Strasse zu wagen; wo ich sie noch ganz vernehmlich den Weiten nehmen hörte. Indessen war die Gefahr nicht klein. Denn kaum eine Viertelstunde hernach sah' jemand zu Wattweil fünf baumstarke Kerls mit Hebeisen und blossen Degen über Hals und Kopf durch's Dorf rennen; ohne Zweifel, um noch vor Tages Anbruch die Gränze zu erreichen. Itzt dankt' ich der gütigen Vorsehung, und meinem getreuen Schutzengel. In einen nur wenig tiefern Schlummer versenkt, konnt' ich 400. Gulden an Geld und Waare, damals meine ganze Habe, und mein Blut dazu verlieren, wenn ich denn doch erwacht, und's zum Batailliren gekommen wäre; denn ohne Schwerdtstreich hätt' ich sie wahrlich mit Ehren nicht abziehen lassen. Noch ist mein Bißchen Unerschrockenheit der einzige Gewinnst, den ich von meiner — Desertion aus dem siebenjährigen Kriege davongetragen.

2. Jan.

Itzt sind die Werkeltage wieder angegangen. Mein Wille wär', immer so mit Manier, gelassen und bedächtlich hinter die Arbeit zu gehn. Aber mein Weib treibt hinten drein, wie ein verzweifelter Fuhrmann; da werden die Pferde (Kinder) scheuh' und hartmäulig. — Den letzten Tag im Jahr macht' ich mein Garn zurechte, das mir in der Nacht zuvor die Diebe gerne gemauf't hätten, und sandt' es auf Zerisau. Gestern ist mir das Geld dafür schon angelangt, nebst einem Neujahrswunsch, und einem artigen Geschenk für meine Frau. Heute bin ich mutterseel' allein, und ist mir um und um wohl.

4. Jan.

4. Jan.

So schöne und warme Tage! Ich geh' in mein Gärtchen, und grabe den Boden um. Da liegen die Würmchen noch so lebendig in ihren kleinen Höhlen. Nein! ich will sie in ihrem stillen Winterquartier nicht beunruhigen. Und die heitern und doch lauen Nächte; wenn so ein lieblicher West durch das Thal zieht, der Mond sich so hurtig fortwälzt, sein volles Licht durch die hellen Spalten grauer Wolken herabwirft, und die Sternen zu fliegen scheinen. Da dünkt mir, der ganze Himmel sey der Erde so gut, lache ihr so freundlich zu; und mir ist, nach einem süssen Schlummer, immer so wohl, so leicht ums Herz. Dann verricht' ich selbst schwere Arbeit im Spaß, und trille ein Lied unschuldiger Freude nach dem andern.

23. Jan.

Heute hatt' ich einen heftigen Streit mit meiner Schwägerin. Sie will durchaus nicht, daß ihr Mann, der nun seit Jahr und Tage bald völlig erblindet ist, sich an den Armenpfleger wende. Ihrer vorgewandten Gründen sind viele, die ich nicht begreifen kann. Den einzig wahren verschweigt sie: Wie dürfte sie sich weiter in ihren zwey hübschen Kleidern blicken lassen?

21. März.

Nun wär' er da, der holde Lenz — nach Laut und Sag' des Kalenders. Aber noch deckt schauervoller Winter die Erde. Die Sonne ist höher gestiegen; aber was hilft's? Graues Gewölk verbirgt uns dieselbe. Immer stäubt Schnee herab; Wald und Wiese stecken tief in diesem frostigen Kleide. Die Vögel sitzen traurig auf braunen Aesten, und pfeifen um Speise; die gefrorene Erde seufzt um Wärme; kein Stäubchen zeigt Leben; die Bächlein rollen unterm Eis. Der arme Bauersmann guckt traurig gen Himmel; sein Holz und Heu sind all'; seine Kühe blöcken, sein Seckel ist lär, und der Reiche will kein Futter borgen. O Herr! erbarme dich seiner. Heunoth — kein Fürst, kein Philosoph weißt, was das heißt; aber das Bergbäurchen weiß's. Eigene Hungersnoth thut nicht so weh', als sein Vieh unter Zettergeschrey sich abmergeln zu sehn; wo man in die Wälder laufen, Baumkriß unterm Schnee hervorhacken, und den Thieren das Leben retten muß. Bald könnt's dieß Jahr so kommen. Himmel! gebiete dem Nebel, so zerstiebt er; dem Westwind, so bringt er Regen, und schwemmt diese Schneehaufen in den fernen Ocean hinab. Laß, laß einmal wieder die Sonne scheinen, so freuet sich alles auf Erde.

22. März.

Als ich heut Morgens nach einem unruhigen Schlummer aufstuhnd, die Fensterladen niederließ und das Wetter begucken wollte, spazirte eine Aelster auf der Garnstange hin und her, und trieb ihr gewohntes Geschwätz — als blitzschnell ein grosser Weyhe auf sie darflog. Sie wollte sich hart an mein Fenster retten, als ob sie Hülfe bey mir suchte; aber er packte sie zu Boden, und guckte mich mit seinen zwey grussen Augen starr an; faßte dann seine Beute fest in die Klauen — ich hörte nur noch einen leisen Schrey — und schoß mit ihr pfeilschnell dem Tobel zu. Ich hatte grosses Mitleiden mit dem armen, mir sonst so verhaßten Thier. Hier fielen mir die Römer *) ein, und ich machte, nach ihrer Weise, über diesen Vorfall, den meine rasche Einbildungskraft mit den Umständen meines todtkranken Bruders in Verbindung brachte, allerley Speculationen. Wie, wenn mein Bruder diese Aelster, und der Tod dieser Weyhe wäre? Bey meines Vaters sel. Hinschied gab's auch so ein Vogelstück. Doch, jener liegt dem Menschenwürger ja schon im Rachen. — Also wie, Ulrich, wenn das Ding etwa dich selbst anginge? Puh! — Aber dieser Raubvogel mußte ja, wie unser einer, sein Morgenfutter haben; und die Aelster stuhnd ihm eben am rechten Ort. — Hier hatt' ich wahrlich Stoffes genug, über meine Anwandlungen von Aberglaube und Todesfurcht zugleich, tüchtig schaamroth zu werden.

28. März.

Das hätt' ich denn doch nicht gedacht, daß es so gar bald mit ihm aus wäre. Verzeihe mir, Bru-

*) Ihr Glaube an Vorbedeutungen. Der Verfasser las eben im Plutarch.

der! dort in der kalten Gruft. Oft that ich dir unrecht, Johann! und dachte: Weil du nichts klagtest, und immer schlummertest, so fehle dir nichts, als das Gesicht *), und deine Krankheit sey meistens Faulheit. Ich kam noch eben zu seinem Ende; der Kampf war hart, doch nicht fürchterlich. Wir stuhnden alle um sein Bett, und beteten, so gut es jedes verstuhnd; und wer wollte bey einem Sterbenden nicht beten, wenn es auch nicht ein Bruder wäre? Itzt ward sein Athem immer kürzer, und das Röcheln schwächer; bis er ganz sanft, ohne ein Glied zu regen, oder nur den Mund zu krümmen, in den grossen Schlummer fiel. Ein seltner Fall! Bald ein Jahr lang blind; nie kein Schmerz, und doch ganz entkräftet; und, sonderbar, noch trug er mehr Fleisch ins Grab als Ich an allen Knochen habe. Gestern macht' ich ihm den Sarg; und heute geleiteten wir ihn unter beständigem Schneegestöber — ein langer, weisser, schauerlicher Zug — zu seiner Ruhestätte.

29. März.

Gut, und nicht gut, wie man's nimmt, ist's, so hinsterben, daß keine Seele uns nachschreyt. Denn hinwieder hat's doch auch sein Widriges, sich von der Welt so ausgestossen zu sehn, und niemand klagen, sondern vielmehr jedermann sagen zu hören: „Gott „sey gelobt, daß er ihn versorgt hat„. Und in der That, wem wollte man's verargen, wenn's einen so blutarmen Tropf betrift, den das Verhängniß noch dazu mit Blindheit schlug, der kinderlos ist,

*) S. oben unterm 23. Jenn.

und ein jung munter Weibchen zurückläßt — wenn
die z. E. sich nicht zu Tode grämt, daß ihr Mann
nicht 70,80. Jahr alt wird: Denn, ach! wie leicht
ist getrennt, was nie so fest zusammengeknüpft ward.
So sollt' es freylich nicht seyn; aber, aber es ist so.

1. May.

Nun hab' ich dich wieder einmal, holder May, schönste der Zeiten! Kömmst so hergeschlichen, wie ein geliebter lächelnder Freund, der uns überraschen will. Aber nein! Mich überraschest du nicht, hab' ich dich doch schon zu lange und zu sehnlich erwartet, und auf dieß einsame Weilchen gepaßt, mit dir zu schwatzen. Wo bist du gewesen? Ein Jahr lang – an dich zu denken, aber dich nicht zu sehn – welche lange Zeit! Und doch bist du für mich noch so reitzend wie vor vierzig Jahren. Noch möcht' ich dich immer herzen und an deinem Veilchen duftenden Munde hangen. Gelt *)? dießmal eilst du so bald nicht wieder fort, so unbemerkt, eh' ich dich satt genossen habe. Sey lieber anderwerts desto eiliger! Oder sag' mir, an welchem andern Ort du dich so gerne verweilst, daß du dieß Jahr so langsam daher kömmst? Noch hab' ich kaum ein Paarmal den Hauch deines Vorläufers gespürt: Zephyrs sanften Odem — Doch nein! das ist für Einen, wie du bist, zu poetenmäßig. Ich möchte lieber eine eigene Red' an dich halten. Oder soll ich dir von mir erzählen, wie ich die Zeit deiner Abwesenheit zugebracht habe? Ja, Freund! das wäre mir das Liebste! Hab' ich's ja in dem Stück wie andre Erdensöhne — und gerad' auch wie die Dichter, die deinen Preiß besingen wollen, und benn doch einzig von sich schwatzen. So ganz Ich nicht, liebe Zeit! —
„Ha! der Thor will besser seyn, als andre„! —
Potz Welten! nein, bester May! nur ein wenig kür-

*) Nicht wahr?

zer. Also, kurz und gut, dir zu sagen wie ich mir meine Tage vertrieb — wie sehr es mich freute, daß ich sicher wußte, du würdest um diese Zeit gewiß wieder da seyn. Als du das vergangene Jahr mir, wie fast allemal, im süssen Schlaf entwichst, hab' ich mich freylich betrübt, aber denn doch an deinem zurückgelassenen Schmuck, an allen deinen mitgebrachten herrlichen Gaben mich innig und so lange erquickt, bis der Nord grimmig über die Berge herabguckte, und ich mich, gleich andern Menschensöhnen, hinter die vier Wände meines Zimmers verkriechen mußte. Da ging es wieder an ein Seufzen und Wehklagen: „Ach liebster, liebster May! Wenn „werden wir uns wiedersehn? Wär' nur einst Ru„precht vorbey; dann kämen die lieben Heiltgen „drey Könige — dann Sebastian — dann die „Fastnächte — dann Matheis, bricht Eis„ — Juchhe! dann hüpft' ich schon wieder im Geist meinem Herzensfreund' entgegen. Aber die Zeit däuchte mir so langsam zu gehen, und ging doch so pfeilgeschwind. Dann floh' ich etwa zu einem Freund, um die langen Winterabende zu verschwatzen; denn, Liebster! ich habe sonst auch noch Freunde und Freundinnen — und je bessere Freunde sie mit dir sind, desto lieber sind sie mir. Ein andermal spühlt' ich gar, in muntrer Gesellschaft, mit einer Flasche des erquickenden Saftes, den eben du, auch mir zu gut, in ein verschmähtes Holz gegossen hast, den Staub von meinem matten Herzen rein ab — daß mir so wohl, so wohl ward, und mir däuchte, du selbst mit allen deinen Reitzen seyst schon wieder nahe, wenn ich gleich durch wirbelndes Schneegestöber — ach! zu frühe für mich, und zu späth für andre, nach Haus eilen mußte. Denn — warum sollt' ich dir's nicht klagen, mein Trauter! wie mir da mein Bißgen Wohlgemuth so bitter gewürzt ward, und mich gewisse Viperustiche und Drachenblicke schon lange gemordet hätten, wenn ich nicht ein so unnachahmlicher Meister in der Kunst wäre, mein Heil in der Flucht zu suchen. Denn sonst hab' ich freylich auch Fleisch und Blut, und meine Haut ist so dünn als eine. — Noch ein andermal kleckf' ich meine rumorischen Grillen dem Papier an, oder nehme ein Büchel zur Hand; und taugt's nicht für meinen Zustand, so schmeiß' ich's weg, und schmauche mein Pfeifgen, bis Taback, Aerger und Gram, alles zu Staub und Asche verbrannt ist. — Und noch giebt's der Steine des Anstossens, ohne jenen Haupt- und Eckstein, für unser einen die Menge, mein Lieber! und zwar deren wesentlich von zweyerley Art. Die einen nämlich stehen uns nur zum Aerger am Wege. So z. B. die polzgeraden Splitterrichter mit ihrem Beaugen über unser schuldlosestes Thun oder Lassen. Die andern hingegen sind nur zu blendend schön und einladend für uns. Was nun diese betrift, muß ich dir's mit wehmüthigem Herzen klagen und sagen, daß ich noch immer der alte Thor bin, dem diese bezaubernden Dinger am meisten zu schaffen machen; ich denk' gerade, weil es heißt: Laß sie liegen, und gehe vorüber. Das kann ich eben nicht, wohl aber drüber stolpern, daß mir Hören und Sehen vergeht, und es Beulen und Haarkratzens genug absetzt. Und doch, so flüstert mir bisweilen ein arger Geist zu, sind's denn am End nur kleine Sächelgen; pur lautere Narrheiten, die keine Seele beleidigen könnten. Wie's dem aber immer seyn mag, willst du mich noch ein wenig geduldig anhören, mein Lieber! — denn freylich kein Deutschmichel auf zwey Beinen würd' es so lange aushalten — nun so wisse: Daß wenn dein Freund nicht selten ein Thor seyn kann, er's doch nicht immer, und, bisweilen zur rechten Stunde — ein Mann ist. — „Du, Mann? Wie, „wo, wenn„? Ja! das bin ich. Wie? Wie ein Mann seyn muß. Wo, wenn? Nun, das kann ich dir eben nicht auf's Haar sagen; überhaupt, wenn ich so meinen geraden Weg fortging, und zumal Wein Wein, und Weiber seyn ließ was sie sind; wenn ich fremder Zungen minder achtete als meiner eigenen; wenn ich meinen Kopf, ohne Stolz, aufrecht trug, grad vor mich hinsah, und meine Strasse ging; wenn ich zu der Habsucht sagte: Pake dich! und zu der Hand: Thu du das deine; gieb dem Kaiser was des Kaiser, und Gott was Gottes ist; wenn ich's nicht nur sage, sondern glaube:

Jeder Mann hat seine Plage;
Kirmeß giebt's nicht alle Tage;
aber ein jeder bringt dir doch Nahrung und Decke!
3. May.

Als ich heut obiges, und noch manch anderes meines alten und neuern Geschreibes durchblätterte, fiel es mir mit Eins bang' auf. „S***!„ dacht' ich, „'s möcht' einmal so ein Muttersöhnchen, dein's oder ein anderes — freylich erst wenn „beine Knochen wacker auf dem Kirchhof 'rumgeschau„felt worden — denn vorher wird's keiner so leicht „kriegen — hinter diese Papiere kommen, und den„ken: Der Schreiber dieß muß sich doch wahrlich „manchem groben wüsten Laster ergeben haben; dem „und dem, diesem und jenem „. Wär' denn dieß Söhnchen ein frommes Kind, mein Gott! schlüg's die Händ' übern Kopf zusammen, und schmiß in heftigem Eifer alles ins Feuer, das mich denn freylich, wie manchen andern Narrn, noch unterm Boden grämen würde. Wär's aber ein böser Bube, oder auch nur ein Schwacher, ein kleines Freygeistlin oder dergleichen, da würd's unfehlbar nur das Gift b'raus saugen, und denken: „Ha! der Vater, „der Großvater sel. hat's auch so gemacht „, und wie dann die Wört und Gedanken, und die darauf folgenden Thaten weiter lauten. Nun solchem jungen Blute zu lieb muß ich doch erklären, was ich unter jenen vertrakten glänzenden Steinen des Anstosses verstanden, von denen ich oben unterm 1. May geredet habe. Das, liebes Söhnchen! sind — nichts mehr und nichts minder als — Anfechtungen, Versuchungen, heftige Gelüste nach diesem und jenem, wo man schon zitternd und bebend die Hand nach der verbotenen Frucht ausstreckt, und sie gewiß brechen und verschlucken würde, wenn nicht dieß und das — bald die plötzlich eintretende Furcht entdeckt

zu werden — bald ein ungefehret — nein kein un-
gefehrer — ein von unserm Schutzengel herbeyge-
führter Zufall dazwischen käme. So z. B. als ich
eines Tags gierig nach einer solchen verbottenen Frucht
— Birne, oder was es war — langte — es war
in einem lustigen Wäldchen, an einem schwülen Som-
merabend, überall einsam und still — und die zierlich hübsche Birne so willig lächelnd sich brechen lassen wollte — und ich noch den letzten Seufzer, ob
ich sie auch ohne Schuld essen dürfte, zurückstieß —
plötzlich platzte eine schwarze Donnerwolke gerad' über
meinem Kopf zusammen — und mir däuchte, der
Strahl schlüge hart neben mir durch die Tannenwi-
pfel herab. Vor Schrecken todtbloß zog ich meine
Hand zurück; alle Glieder waren mir wie zerquetscht.
Die gute, schuldlose Birne fühlte nichts davon. Aber,
o Gott! war ich's, oder deine unaussprechliche väterliche Huld, daß ich sie nicht verdorben, und ihr und
mir ein langes Weh' zubereitet hatte?

10. May.

Das X. Gebot: Du sollst dich nicht lassen gelüsten, u. s. f.

Es ist doch eine verzweifelte Krankheit um das
Gelüsten! Aber warum gerad' itzt von diesem Gegenstand? Ihr sollt's hören.

Es war heute ein allerliebster Maitag. Ich ging
so munter unter Sing und Sang aus und ein,
mein Garn zu sieden und zu trocknen, und war mit
meinen beyden Buben mutterseel' allein bey Hause,
da mein Weibgen schon Morgens früh' über Feld

gegangen, und was sonst höchst selten ist, es vergessen hatte, uns ein klein Mittagessen anzuordnen. Also, gegen eilf Uhr lief ich selber nach Küche und Keller, fand aber alles öd und lär, bis auf rohe Erdäpfel und etwas Sauerkraut. — Warum mir gerad' itzt der Gedanke einfiel, beydes dürfte meinem Magen nicht anständig seyn? Ich könnte ja diesmal etwas im Städtgen hohlen lassen: Ein Lebergen — ja das möcht' ich; ein Kalbsköpfgen — noch besser; ein Krös — auch nicht übel; und dann ein Würstgen dazu — ja freylich. Aber dann dacht' ich wieder: Nein! Du wirst doch heute vertragen mögen, was sonst Jahr aus und ein; die Buben würden's ausschwatzen, oder die Mutter könnt's ihnen abrathen; dann gäb's ein ellenlanges Gesicht, oder eine noch längere Senior-Götzische Strafpredigt; ist's mir doch wohl, und meine Buben lassen sich, von mir gekocht, alles gefallen.

So kam ich auf die Materie vom Gelüsten. Noch einmal, das ist eine verzweifelte, Land und Leuth verderbliche Krankheit. Ich selber, so klein ich bin, wär' wahrhaftig schon längst ein reicher Mann, wenn mich dieß arge Uebel nie beym Kragen gefaßt hätte. Und täglich seh' ich daran so viel andre tödtlich darniederliegen. Ohne diese Seuche müßte Grete nicht das ganze Land ausbeteln; Casparn hätten nicht im Spithal zu N. die Läuse todtgefressen; U. u. Z. wären itzt nicht in Ketten und Banden, u. s. f. u. s. Dann sollen das alles wohl gar göttliche Heimsuchungen seyn!

Uebrigens ist in gedachtem zehnten Gebote eben von vielen Dingen die Rede: Von Haus, Hof, Weib, Ochs, Esel, kurz von Allem was des Nächsten ist. Hilf Gott! was sollen denn künftig die Schacherer anfangen? Wie geht's überhaupt dem Handelstand? Da lassen wir die Casuisten sorgen, so geht's beyden — gewiß nicht übel: „Ueberhaupt„, werden diese Herren anheben, „ist Alles Handels-„mann; der eine im Grossen, der andre im Klei-„nen. Wer mir Waare anbietet, den gelüstet's „nach meinem Geld; gelüstet's nun auch hinwieder „mich nach seiner Waare, so ist der Handel richtig „— und — recht? Ohne dieß Gelüsten könnte überall „kein Verkehr der Menschen unter einander statt-„finden. — Aber, darf der eine mehr nehmen und „der andre minder geben, als sich's gebühret? Da „sehe ein jeder selbst zu. Und dann ist die Welt „ohnehin zu gescheut worden: Keiner läßt dem an-„dern zu viel. — Also nähm's einer doch, wenn „man's ihm liesse? Das können wir nicht eigentlich „sagen; aber wir dächtens wohl„! Und Ich weiß, daß es noch Fälle genug giebt, wo man's einem läßt und — lassen muß. Da ist immer einer dem andern an Witz und Vermögen überlegen; und mit Geld kann man alles bezwingen, nur den Himmel und sein Verhängniß nicht.

Weh' indessen der Welt und dem Lande, wo den Gelüsten durch göttliche und menschliche Gesetze kein Zaum angeleget würde! Zwar, wenn einen nach meinem Haus gelüstete, und ich nach dem seinen, so könnten wir umtauschen, oder, wenn mir das meinige feil wäre, des Handels sonst bald eins werden; dann wär's freylich nichts Böses. Gefiel's mir aber nicht, und würd' er's suchen, durch List oder Gewalt an sich zu bringen, würden wir einander in die Haare gerathen, und der Stärkste Meister, wenn anders kein Richter vorhanden wäre. Würd' einer nach meinem Weibe gelüsten, so würd's mich gelüsten, ihn dafür derb abzuprügeln, oder gar todtzuschlagen, u. s. f. u. f. — Noch giebt es Leuthe die behaupten, ohne Verbot wären die Gelüste auch nicht so stark; das mag seyn, aber dafür desto häufiger!

26. May.
Klage; aber nicht übern May.

Nun noch ein Wörtchen an dich, schönster May! Blüthe des Jahres! noch ein Wörtchen, ehe du Abscheid nimmst. Gott! Was gäb' man nicht im Januar um einen einzigen Tag, wie der heutige! Ha! denkt man da, wie will ich mich, wenn der holde May wieder kömmt, in seinen Wundern allen unermüdlich herumwälzen! Wie will ich jedes sanfte Lüftgen, jeden Blüthenduft in mich hauchen; jedes Weilchen geniessen, keinen Morgen verschlafen, und kein Abendroth versäumen. Und nun ist sie da, diese Wonnezeit, in der ich freylich wohl zehnmal des Tags rings um mein Haus, oder in mein Gärtchen, dann an den Bach hinunter wandle; dort den lustigen Gumpen über die schrofen Felsen herabsprudeln sehe; die muntern Vögelchen im grünen Gesträuche, oder in den jungbelaubten Buchen das Spiel der sanften Weste behorche; auf jenem sonnigten Hügel, der von tausend Blumen riecht, den Schmelz unsers Wiesenthals hinauf und hinabgucke; dann mich wieder in Schatten lagere, wie wohl selten ein Dichter sie so labend gekannt, und schön genug beschrieben hat! Und dann ist's mir doch weder auf Höhen noch in Tiefen — nirgends, in keinem Winkel recht! Gram und Grillen, das Gefühl wirklicher, und die Träume eingebildeter Uebel lassen mich, o May! weder hören noch sehen wie freundlich du bist, und bannen gleichsam alle meine fünf Sinnen, eben so arg als in den schauerlichsten Wintertagen. Wahr ist's, lieber May! du zeigtest dieß Jahr dich selten in deiner ganzen milden Herrlichkeit; oft lechzt' ich umsonst nach deinen Zauberlüften, und meine Blumen vermißten deinen Thau; aber noch hattest du immer Reitze genug, sonst die ganze Natur zu erwecken, und alles, was Leben und Athem hat, muthig und munter zu erhalten; nur mich und meinesgleichen, jenes nie zufriedene, verzagte Ding nicht, das man — den Herrn der Schöpfung nennt, weil es über alle Thiere, nur über sich selbst nicht gebieten kann. Also der Mayenfreuden gab's freylich auch diese Wochen her viele; aber die Mayengeniesser — etwa die papeirnen in den Musenalmanachen ausgenommen — werden wir wohl vergebens suchen müssen. Dem Herrnvolk rollt gewöhnlich das lüsterne Blut zu heftig, um irgend Eine ächte Naturfreude in der Stille geniessen zu können. Der

Landmann hat kaum Zeit zu denken, und zu harte Arbeit, um die Erde zu begucken die er baut. Dem Empfindler sind der wirklichen Schönheiten schon zu viel; es wird dem armen Schelm, ehe man sich's versieht, schwindlicht im Kopf. Kömmt denn noch sein Hirnkasten voll zuckersüsser Ideale hiezu, da vermag die Frühlingssonne mit allen ihren lieblichen Strahlen nichts mehr über ihn; Wälder voll singender Vögel können den Lerm in seiner Phantasie nicht überschreyen; und was ist aller Schmelz der Wiesen, den man sieht, gegen Einen Colibri den er sich einbildet?

Also, holder May! Millionen Menschen sehnen sich alljährlich sechs volle Monathe nach dir; und wenn du einmal erscheinst, so vertrödeln noch die beßten aus ihnen ihre Zeit, wo nicht im Rausch, doch in Träumen; oder jagen dich gar durch ihr Murren und Aechzen, mit allen deinen Reitzen — zwar nicht zum Land, aber doch zum Herzen hinaus. Im Winter endlich hat's der liebe Gott uns armen Bauersleuthen noch so ziemlich leicht, gut Wetter zu machen. Ist's rauh und kalt, so heißt's doch etwa: Ha! 's ist die rechte Zeit, scharmantes Winterwetter. Ist's lau und regnicht, so nennen wir's etwa, aus Gnaden, auch noch leidentlich, und freuen uns über's Holz sparen. Aber im Frühling, Sommer und Herbst — o wehe dir, lieber Herre! da muß dein Wettermachen entsetzlich durch die Hechel. Dem

einen

einen sind zwey schöne Tage schon zu trocken; dem andern regnet's an Einem zu viel; ein dritter sagt endlich: Gut so! Aber, wenn nur der Föhn *) nicht kömmt. O der ewigen Weisheit, die, wie's scheint, nicht umhin konnte, so viele Thoren zu schaffen.

*) Südwind.

7. Jun.

Vor etlichen Tagen gieng ich nach Glarus, mit Herrn Z*. eine zweyjährige Tücher-Rechnung ins Reine zu bringen: — Ich hatte ihm 250. Stücke verfertigt, und Er mir von Zeit zu Zeit Geld auf Abschlag gesandt. Unsre beyden Conti trafen so pünktlich ein, daß es an einer Summe von fl. 1200. nicht mehr als 6. Kreutzer fehlte. Dieser gerade, redliche Mann, der sich freylich vor lauter Fleiß kaum Zeit zum Essen nimmt, ist mir recht lieb; und haben wir unser Verkehr wieder für ein Paar Jahre auf den alten Fuß gestellt.

Bey dieser Gelegenheit konnt' ich mich wieder einmal an diesem mit himmelhohen Pyramiden eingemauerten Ländchen kaum satt schau'n. Mein Junge war bey mir; und es freute mich nicht wenig, auch ihm diese Meisterstücke eines noch unbegreiflichern Meisters zu zeigen. Hauptsächlich aber sahn wir eine Seltenheit, die selbst für mich eine gänzliche Neuheit war. Als wir nämlich bey Netstal vorbeygiengen, hörten wir himmelhoch über unsern Häuptern ein dumpfes Donnern, und hielten's anfangs für einen heftigen Sturmwind — als wir mit Eins, gerad' über uns, von dem steilen Wiggis, dessen Stirne mit Wolken bedeckt war, eine so genannte Schneelauwe, in ungeheuern Sätzen, von einer Felswand zur andern herunterspringen sahen. Dieß Schauspiel dauerte inzwischen — so furchtbar hoch ist die Bühne — wohl eine halbe Viertelstunde. Mit öfters zurückgewandtem Blick verdoppelten wir unsre Schritte, und dachten lange, die entsetzliche Masse würde das Dorf Netstal völlig verschütten, wo nicht gar auch uns erreichen. Allein sie kam nicht bis auf die Hälfte des Bergs herab, und verlor sich endlich mit dumpfem Gebrüll in einem Schrunde. Ihr Brausen und Stäuben hatte für Aug' und Ohr ungemein viel Aehnliches mit dem Rheinfalle bey Laufen, wenn man dieses letztern von einer gewissen, doch nicht allzugrossen Ferne ansichtig wird. Gestern Abends späth kamen wir gesund und vergnügt, aber todtmüde, nach Hause.

Heute nun macht' ich meine jährliche Hauptrechnung, und fand, daß ich etwas besser als das letzte Jahr bestand — aber doch noch Schulden genug hatte. Immer war ich herzlich zufrieden, wenn ich meine itzige Lage mit der vor zehn Jahren verglich, wo ich, falls ich auch Haus und Hof, und mich selbst als Sclave, nebst Weib und Kindern dazu, verkauft, dennoch meine Gläubiger nicht zur Hälfte hätte befriedigen können.

30. Jun.

Nein, auch du sollst nicht aus diesen Gegenden weichen, hehrer Junius, eh' ich ein Blättchen zu deinem Andenken, und zu deines Schöpfers Preiß geschrieben habe; ein noch so dürftiges Etwas, das ihn noch loben, und ihm für alle seine Gaben und Gutthaten danken soll, wenn diese Hand sich nicht mehr regen kann, und ihre Knöchel längst zu Staub vermodert sind. Denn noch rauchen die Hügel, noch triefen die Ebenen von den Spuren deiner schaffenden und erhaltenden Huld, wie zu Davids Zeiten. Mir ist, ich hab' in meinem Leben die Erde zu Berg und Thal nie schöner gesehn, Baum und Wald nie reicher belaubt, die Triften voll fetten Grases; von allen Orten die frohesten Aussichten auf eine reiche Erndte und gesegnete Weinlese. O der herrlichen Tage, der kurzen wonnevollen Nächte! Immer heller Himmel, sanfte Ostwinde, milde Regen die so gütig die durstige Erde tränken, und sie nie übersättigen; des Höchsten Machtstimme, die mir jedes Jahr, wenn ich sie zum ersten Mal durch die stolzen Wolken rollen höre, Mark und Bein so erquickend durchbebt; dann der neu aufgeklärte Horizont, der erfrischte Abend, der verschönerte Morgen. Und wohl mir, daß ich sie alle, gesund an Seel' und Leib, genossen habe; daß mich nur kein Finger schmerzte; daß ich Nahrung und Decke zwar nicht die Fülle, aber doch gerade genug hatte! — Ich schreibe dieß unter einem Baum, in der kühlen Abendluft, wo die Sonne noch unsre Berge vergoldet, glänzende Wölkgen noch über jenen Felsen hinfahren, so freundlich und lächelnd, als wenn unsre Schutzengel drauf säßen.

7. Jul.
Die Pfarrgeschichte zu N*.

Gestern erhielt ich von einem alten Bekannten zu S**. im R***. Thale, die Nachricht von folgender sich dort zugetragenen höchst tragischen Geschichte: „Im Januar des verflossenen Jahres wurde ein gewisser B*. von unsern Kirchenältesten zu einem Seelsorger erwählt, und von A*. abgeholt. In unsrer Gemeinde war freylich das Jubiläum groß über eine so vortrefliche Wahl, hauptsächlich unter den Weiberseelen; denn der neue Hirt war so hübsch gebildet, daß Herodes, als er seine Rede ans Volk hielt, nicht schöner seyn mochte. — Auch die sprödsten und klügsten Frauen und Jungfrauen entzückte seine, wie es hieß, majestätische Mine, Gang und Gebehrde. Und seine Predigten — Ach! die weckten auch die Harthörigsten zur innigsten Andacht. Nur etliche Witzlinge oder — Philosophen, wenns in N*. deren hat, hegten Argwohn; aber man schalt sie Erzbösewichte, und beschloß ihnen den Mund".

„Nun, dieser B*. war wahrscheinlich von Jugend an ein verzärteltes Muttersöhnchen, und lustiger Spring ins Feld, und mag sich hier in einem solchen Schlauraffenland geglaubt haben, daß, wenn er auch seinen Schäfgen auf dem Seil vortanzen würde, er sein Lebtag nie 'runter purzeln und ein Bein brechen könnte. Mittlerweile überschüttete seine gute und zum Voraus für ihn eingenommene Heerde diesen ihren Seelenpfleger mit den beßten irrdischen Brocken, als da sind: Honig, Latwergen, Ankenstock, Speck, Schinken, Wein und Brant *). Kurz, was zum Gutleben gehört, schneyte aus allen Ecken her; und, wohl zu notiren, die artigsten Mädchen trugen's immer selber hin. Da spielten nun aber eben — wie ich denke gewisse böse Geister in den Lüften, unserm B*. einen jämmerlichen Streich, und hauchten dem blutjungen Pastor — der ohne Zweifel inwendig auch hohl war, wie andre Seinesgleichen — allerley arge Gedanken ein, die er dann begierig auffieng; wie etwa: In diesem guten Lande sey alles für ihn gesotten und gebraten, und nur für ihn; die scharmanten Bauernnymphen stürben fast vor Liebe zu ihn, u. dgl. und husch! wählte er sich so ein Püppchen zu seinem vertrautern Umgange. — Andre wollten gar von mehrern wissen — und es mag seyn, daß ihm auch dieß jene verdammten Ohrenbläser zugeraunt: „Ha! nicht nur Eine; „die ist auch schön, und jene verdient's nicht min„der; Liesge. ist doch ein Tausendskind, und „Grethchen hätt's auch gern. Und warum, B*., „wärst du sonst so jung und so schön, und hätt'st „ein so mitleidiges Herz? Siehst ja wie dir jeder„mann gut will; kein Vater, kein Mütterchen würd' „dir ihr Töchtergen wehren. Wer hat zu gewissen „Sachen ein besser Recht als du? Das zarteste vom „Opfer gehört ja dem Priester; und giebt's nicht „Nationen, wo er's mit Recht fodern darf, oder „gar zu nehmen verbunden ist; und die werden doch „auch keine Esel seyn? Hat's ja wenig zu sagen,

*) Gebranntes.

„wenn etwa Eine aus ihnen doppelt haselt werden
„sollte; du wirst sie wohl an den Mann bringen,
„und manches Bürschgen ist noch froh über so ein
„eingeweihtes Ding. Uebrigens, glaub's uns, wir
„sind keine bösen Geister, heissen nur Art und Na-
„tur des Menschen, u. dgl." So etwa mochten's
diese Erzgalgenschwengel unserm armen jungen Hirten in die Ohren gesumst haben„.

„Derselbe hatte übrigens eine allerliebste Frau
mit sich von A*. gebracht. Aber ach! diese Bluhme welkte schon in den ersten Tagen hin, als sie in
hiesige Gegenden verpflanzt wurde; und Leuthe von
so überzartem Geschmack riechen selten gern an ab-
fallenden Rosenblättern„.

„Nun, wie gesagt, unser B*. machte von Zeit
zu Zeit allerley Bocksprünge; aber alles wurde ihm
zum Guten ausgelegt; und wenn unsre wackern Ki-
chenältesten ihn dann und wann zurechtweisen wollten, schnellte er die Finger, und sagte: Es sey nicht
fein, wenn Kinder ihren Vater meistern wollen.
Dabey war der Mann, zumal in mancherley mecha-
nischen Künsten, ein trefflicher Virtuos; machte mit
seinen eignen gelehrten Händen Hühner- und Tau-
benhäuser, Keffigte für Vögel und Mäuse, und mau-
sete selber; ferners allerley Maschinen, als Ellstecken
u. dgl. Hingegen wollten etliche wachsame Leuthe,
die es zu verstehen meynen, bemerkt haben: Daß man
ihn nie bey einem Buch angetroffen, und er meist
bloß fremde Arbeit auswendig gelernt„.

„Itzt wurde unser Pastor Wittwer; und ach! der liebe Mann wollte fast verzweifeln; eben so flossen zu N*. Thränenbäche aus allen Weiberaugen. Die Herzen seiner Anbeter beyderley Geschlechts befiel die tiefste Trauer — nicht so fast wegen der Leiche, als aus Furcht der Wohlehrwürdige möchte von Sinnen kommen. Auch trauerte er wirklich acht lange Tage, gieng ungepudert, und sang nicht in der Kirche. Hierauf fieng er freylich allmählig wieder an zu orgeln und zu pfeifen (denn seine Schwiegermutter hatte ihm die schönsten Trostkapitel aus Jeremiä aufgeschlagen); hiernächst sich hübscher als noch nie zu pudern, und beym Gottesdienst holops*) zu singen. Das ärgerte etliche alte Witznasen; aber B*. mochte den Vers beherzigt haben:

Ich singe mit, wenn alles singt;
Und lasse, was dem Höchsten klingt,
Aus meinem Herzen rinnen, u. s. f.

Alsdann theilte unser Pastor seine Zeit ungemein ordentlich ein, in drey Theile: Einen zum Essen, Trinken und Schlafen; denn junge Leuth schlafen gerne; einen andern mit seinem Suschen; einen dritten endlich mit der Musick, mit seinem Federvieh, Vogelkefigtmachen, und andrer künstlicher Arbeit. Und für Predigten, Krankenbesuche, kurz für seine Amtsgeschäfte — Ach! der arme Mann hatte sich eben überrechnet und vertheilt, und muste also zu diesen — wiewohl ungern genug, von den andern wieder etwas wegstehlen. Das war denn nicht recht. Wol-

*) überlaut

ten doch die Allerweltshofmeister alle Dinge besser wissen. Da hieß es, man habe bey Haus ihn niemal beten gehört; ein Seelsorger müsse wachen und beten. Ey, ey, da wacht Euch eine so junge Haut gerad alleweil — wollte lieb Suschen doch auch bewacht seyn! Und dann hatte der gute Mann ja sonst alle Hände voll zu thun, hüpfte und sprang ja wie ein Hase von einer Stelle zur andern, und trug seine Tischler- und Drexler-Arbeit herum wie eine Katz' ihre Jungen. Das ermüdete ihn dann natürlich. Manchmal hatte es mit seinen Kunstwerken solche Eile, daß er kaum Zeit fand ein Präsent *) anzunehmen, mit einem: Dank hend **) ihr! zu lohnen, und husch! wieder mit seinen Hämmern und Borrer an allen Wänden 'rum zu poltern„.

„So war die Lage der Sachen, als er plötzlich, unterm Vorwand, sein Vater sey krank geworden, nach A*. berufen ward. Er verreiste; der Vater starb, und jedermann wünschte, daß der Sohn wieder eine Frau mit sich brächte, weil's fast niemand gern haben mochte, daß er eine Landstochter nehmen sollte. Nur etliche Mädchen vergossen im Stillen ganze Salzbäche von Thränen; solche nämlich, von denen jede sich's in den Kopf gesetzt, trotz der andern, Frau Pfarrerin zu werden. Mittlerweile hatten wir doch keinen gänzlichen Mangel an geistlicher Kost. B*. schrieb ein Paarmal hieher; und zwar das zweytemal, daß er sich wieder glücklich ver-

---

*) Verehrung
**) habt

heurathet habe. Das erweckte bey den meisten grosse Freude, als mit Eins das Gerede gieng, das N. N. Suschen befinde sich — allzuwohl. Etliche alte Weiber wollten sich das nicht umsonst gesagt seyn lassen, hinterbrachten's in optima Forma den Eltern und Gemeindsvorgesetzten, und diese der Justiz. Suschen wurde vernommen, und gestuhnd augenblicklich alles haarklein: Wie, wo und wenn. Potz Kreutz Bataillon! welch ein Lerm innert einer Viertelstunden, durch die ganze Gemeinde, und (denn die Couriers giengen schleunig ab.) nach vor Abend in allen sieben und siebzig Bergen unsers Landes, als wenn der Feind ins Land eingebrochen wäre. Schlosser und Schmied, Spinnner und Weber, alles legte die Arbeit hin. „Ach, ach, ach"! „Oh, oh, oh! „Was haben wir für ein Elend„! riefen die frommen Layen, und: „Hilf Herr! die Heiligen haben „abgenommen„, die orthodoxen Pfarrhexren. Nach der Weiber Meynung hätten besonders die beydseitigen Mütter besser hüten sollen. Die Spottvögel machten Satyren. Da hieß es z. B. Unser Peter habe die Insel St. Susanna erobert, die Westung auf dem Caretzirbergchen in eigner hoher Person bestiegen; einen so dapfern Mann sollte man den Engländern zuschicken, u. dgl. Inzwischen gab es noch immer eine starke Anzahl Leuthe, besonders vom Weibsvolk, die unsern Seelenhirt so stark liebten, daß sie ihm auch diesen Seitensprung gern hätten vertuschen mögen, nur damit sie ihn behalten könnten. Aber bey allem Frühauffstehn war es schon zu späthe, nachdem die Sache so allgemein ruchbar geworden „.

„Während diesem Tumulte ersuchten unsre Vorgesetzten den Pfarrherr zu G*. auf einen bestimmten Tag, einen Stillstand *) zu halten, und siehe, während dieser Versammlung kam unser B*. wieder von A*. an; sah' und las, so viel er sonst auch Löffel seyn mochte, auf allen Gesichtern, was die Glocke geschlagen hatte. Ich selber hab' ihn nicht gesehen; aber andre sagten's mir, wie Angst und Zittern auf seinem schönen Gesicht, und an allen seinen Gliedern sichtbar geworden; er der sonst ein solcher Held war, Inseln eroberte, die flüchtigsten Hasen erlegte, und die schlauesten Elstern, wie ein Bayerscher Hiesel, von den höchsten Bäumen herunterschoß. Aber freylich wurde ihm auch die Sache rund und kurz ins Gesicht gesagt. Daher nahm itzt B*. seine Zuflucht zum Bitten, Heulen und Wehklagen, und endlich, da alles nichts helfen wollte, zum Geldbieten; aber ebenfalls vergebens, denn niemand wollt' ihm den Mantel leihen. Also schloß er sich auf sein Zimmer ein, und befahl der Köchin ein Paar Tauben zu würgen, um bey einem guten Mählchen seines Grams zu vergessen. „Ah„! schrie die Nachbarin, als sie dieß hörte, mit verkehrten Augen: „Einen Schluck kalt Wasser, oder ein Paar Tassen „Thee, sollte man denken, wäre besser gewesen. „Wie konnt' ihm noch der Sinn an das Fressen

*) Dorfconsistorium

„kommen? So hätt' es David nicht gemacht„! Die Närrin, drum heißt er auch Peter„.

„Des folgenden Tages machte sich unser Pastor bey früher Morgenszeit aus dem Staub, und schrieb von G*. aus sehr klägliche Briefe, die aber, wie viele glaubten, nur aus dem obern Stockwerk, nicht aus dem Herzen kamen. Die Sache übrigens stuhnd uun so wie sie stuhnd. Man schrieb den Jammer auf A*. und erhielt sehr theilnehmende Antwort. B*. will, wie es heißt, die Sentenz seines Gnädigen Landesherrn zu N. N. erwarten. Vielleicht schiffet er gar nach Amerika, und kann da Colonisten pflanzen„.

So schrieb mir mein Freund von S**. und dacht' ich beym Durchlesen dieser Geschichte wohl hundert mal: Es ist nichts unter der Sonne neu!

4. Aug.

Bald wär' er mir entwischt, der edle, warme, wohlthätige Julius, ohne ein Wörtchen zu seiner Ehre zu sagen. Meynen gleich die Leuthe, er habe mit seiner Hitze grossen Schaden gethan; 's ist nicht halb so, man muß alles vergrössern. Ja, auf Felsen und Sandtlatten ist's freylich in aller Welt dürre. Einmal mir war dieser Monath von jeher herzlich lieb, obschon ich oft drinn vor Hitze kaum schnaufen kann. Der immer helle Himmel, die alles erfrischenden Nächte, die goldnen Morgen und Abende, deren wird man nie müde! Und überhaupt einen solchen Junius und Julius werd' ich keinen mehr erleben. Aber itzt ist's mir, wie alle Jahre zu dieser Zeit, so düster um's Herz, daß ich vor Wehmuth wainen mögte: Wie jeden Tag die Sonne so starke Rückschritte thut, der letzte Graswuchs auf unsern Wiesen steht, bald jede Bluhme verblüht, und der beraubte Rosenknopf so traurig noch seine letzten Knospen öffnet; wie die Frühlings- und Sommersänger in den Lüften ihre hellen Stimmen verlieren, die Nachtigall nur noch seltene schwache Triller schlägt, und der Emmerling sein: „Auch ich ein „Schnitter bin„! anstimmt; wie itzt ein Freund solcher Naturconzerte über das Geschwätz der Schwalben und das Geschrey der Habichte so froh' seyn muß. Und dann die Erinnerung an meine eigene hineilende Zeit: Daß die Haare auf meinem Scheitel so dünne werden, und ich noch ein solcher Thor bin! Daß ich auch dieß Jahr so manchen lieben Tag vertändelt oder verträumt habe, und meist seiner ungenossenen Schönheiten, und seines unwiederbringlichen Werths erst dann gewahr werde, wenn er vorüber ist. Und so, Elender! wird's wohl gehen, bis der Mann mit der Sense kömmt, und zu dir spricht: „Deiner Arbeit war so viel, und deines „Aufschiebens kein Ende. Komm her, Camerad! „itzt mußt' mit".

22. Aug.

Wie's mir wieder einmal, nach einem mühevollen Tage, so wohl bey meiner Nachtlampe ist! Wie der schöne Vollmond vor meinem Fenster so ruhig durch die Zweige der Bäume wallt, und sich, fast noch herrlicher, in der Thur spiegelt; wie diese, hier sanft unter Erlen fortschleicht, dort sich murmelnd in einen Winkel drängt; itzt an einem Felsen anprellt, und kleine Wellen zurückschlägt; dann wieder bald eine stille bald eine strudelnde Seetiefe bildet, und endlich von neuem sich so lauter und gerade fortwälzt, bis ins alles verschlingende Meer! Und dann dieses leise laue Lüftgen, diese von so vielen Reitzen belebte, und doch so einsame Stille, so anziehnd, daß ich mit den Nachteulen herumflattern möchte; aber nicht mehr, wie einst in den Tagen meiner brausenden Jugend, allen Bluhmenstöcken und Mädchen nach; obgleich auch diese genossene unschuldige Lust mir itzt noch in der Erinnerung süß ist, wenn ich so, Stunden lang, unter dem Fenster meiner Schönen vermummt, und mit verstelltes

Sprache, ihnen hübsche Dinge sagte die sie gern hörten, und ich selber nicht unfein fand. — O, ich muß hinaus, hinaus, in diese nächtliche Gotteswelt, auf meine mir so liebe Rasenbank. Hier, der heiterste, freundlichste Himmel über mir; unter mir das ruhig schimmernde Thal, wie ein ganz neu für mich hingezaubertes Lustrevier, aus mildem Licht und sanften Schatten gewoben. — Solche wonnevollen Nächte, wie diese, waren nur jene im Jahr 55. in denen ich zu Aenchen hinflog; eine zumal, in welcher ich ihr meinen letzten Abschiedskuß gab, und dem guten Kind auch den seinigen nicht rauben durfte; und dann etliche in Berlin, wenn ich auf der Wache stuhnd, und: „Vaterland — Schweizer„land — Tockenburg — Ach! liebes liebes To„kenburg„! — lauter heilige Namen für mich, unter tiefgehohlten Seufzern außsprach; so wie heute in dieß holde Nachtlicht hinaufguckte; mir's dachte, wie es eben itzt auch über meiner süssen Heimath leuchte; ihm so gern einen Gruß oder Klafter langen Brief mitgegeben hätte, und noch lieber selber mit ihm dahin durch alle Lüfte mich fortgewälzt hätte. So hingegen schien mir der Mond nicht — sondern ich glaube gar mit einem blutrothen Schleyer überzogen — im Lager bey Pirna, als mir's für meine Haut so herzlich bange war. Aber so, und vielleicht am allerschönsten in meinem Leben, als ich das erstemal wieder die mütterliche Erde küßte; ❋ endlich — daß es meine Gebietherin nur höre! — in den Nächten meiner Flitterwochen; so selbst manche angst- und kummervolle Nacht in den Siebenziger Jahren, wenn sein holdes Licht mir so theilnehmend einen Trost zulächelte, den ich mir selber nicht geben konnte.

Gott, du bist dir immer gleich, und alle deine Werke, so herrlich und so gut, sind ein Spiegel von dir!

25. Okt.

25. Okt.

Hörst du, Mensch im Land Tockenburg und in den benachbarten Gegenden! an dich ist heut meine Rede gerichtet; und ihr Innhalt sollen die ihigen gesegneten Herbsttage seyn, wo du und ich in den mancherley Ausbeuten von Gottes Erde uns so voll und satt herumwälzen, daß wir sie kaum alle unter Dach zu bringen vermögen. Aber, du kleinmüthiges und verzagtes Ding! erinnerst du dich noch deines Klagens und Grießgrammens vor einem Jahr um diese Zeit, bey dem häufig eingefallenen Regen und frühen Schnee, wie du da nach Propheten Weise die Hände rangst und ausriefst: „Schlecht „Wetter im Herbst, künftig eine schlechte Erndte"! Dann gieng's freylich auch den ganzen Winter hindurch nie nach deinem Willen; durft' es nur lau werden, so wolltest du kalt haben. Hinwieder im Lenze mochte ein Ach! dem andern kaum entrinnen: "Ach! dieß Jahr wird's gar nicht Sommer „werden; der Märzenschnee ist der Saat schädlich; „alle Baumfrüchte sind dahin. O Weh, o Weh! „die alte Theurung ist wieder vor der Thür. „Huh! der liebe Gott gönnt uns doch wenig Gu„tes", u. s. f. u. f. Alles mit — weit Mehrerm.

Nun kam der May, und deine Bäume blüheten, wider dein Vermuthen ausserordentlich schön; das Heu auf deinen Wiesen wuchs zum Erstaunen hoch wie eine Mauer, und bog sich an den herrlichen Einsammlungstagen so willig über deine Sense, daß es eine Lust war. — Aber da sollt' es die geschwinde auf deine Stoppeln regnen, und das wollt' es nicht. Itzt gieng dein Griufen schon wieder an: "Mein Gott! so muß alles verbrennen; Emd* giebt's gar keins; die Feldfrüchte welken hin, ohne Korn; die Bäume lassen die jungen Aepfel fallen; die Erdbirrn werden noch wohl im Boden verdorren; die Müller haben kein Wasser mehr. In den benachbarten Fruchtländern soll alles verhagelt seyn. Au Weh! Nun fangen die Lebensmittel gar an zu steigen; das hab' ich wohl gedacht. Hie und da hört man vom Viehpresten; und, wer weißt was noch unter die Menschen kömmt". Dann ward's auch in unsern Bergländern allmählig schwühl; schon bebtest du wieder, und jede Wolke ob deinem weißen Haupt preßte dir tausend Seufzer aus: "Ach! auf solche Hitze ist nichts zu erwarten, als schwere Wetter"; und: "Hin ist hin; verdorrt ist verdorrt; was todt ist, wird nicht wieder lebendig werden"! Itzt flogst du ängstlich mit deinen Maltersäcken auf alle Märkte, dir Vorrath auf Jahr und Tage zu sammeln, und deiner Klugheit zu genießen. Nun aber, o du verzagtes Mittelding von Mensch und Hase, siehst du, wie der Ritter von Samaria, mit deinen eigenen Augen, oder was noch besser — issest mit deinem eigenem Munde, was du nicht geglaubt hast. Denn siehe, nun ist der Herbst vor der Thür', und einer der gesegnetsten, die du je erlebt hast. Du bist gesund und munter, hast Hülle und Fülle; und, was du nicht hast, kannst du dir um ein Klei-

*) Späthheu.

nes mit der Arbeit deiner Hände verdienen. Und, was denkst du nun? Etwa, daß dein ängstliches Sorgen alle diese Dinge hervorgebracht? Wahrlich, wenn du die ganze Zeit über geschlafen hättest, stühnd' es um deinen Ueberfluß gerade so gut, wie es wirklich steht. — Willst du also von heute an klüger werden für immer? O nein, denn schon fängt dein tropfschlägiger Kummer von neuem an: „Mein! 's ist doch gar zu frühe kalt, schneyt's ja „ins Laub; im May wird's also auch wieder kom„men. Der Oktober ist so naß, gerade wie der „vorige. Freylich ist's dieß Jahr noch gut gegan„gen; aber es kömmt nicht alle Jahre gleich; die „Witterung kennt keine Regeln mehr." Willst sagen, du kennst sie nicht, wirst sie ewig nicht kennen, oder wenigstens solche Kenntniß durch dein Prophezeyen minder als durch ausharrendes Beobachten erwerben können. Hörst du also, Menschenvölkgen! dich — nämlich nicht dein ganzes Geschlecht, sondern nur eine Kommun derselben red' ich itzt an; dich, den der große Pöbel gemeinen Pöbel, und der Weise das Mark der Erde nennt, dich einsames, einfältiges Bauernvolk! dich möcht' ich belehren; bist du mir doch am nächsten verwandt, und der Belehrung am fähigsten; dich, glüklichstes Glied der Menschheit! möcht' ich, wo möglich, noch glücklicher machen, und dir nämlich heute, wie immerdar, das einzige Mittel, zu diesem Ziel zu gelangen, recht nahe ans Herz legen: Sey munter bey deiner Arbeit, aber erwarte ihren

Segen vom Himmel, und geniesse ihre Früchte mit Freuden.

28. Okt.

Wie mir das Für und Wider schon lange durch den Kopf geht! Ach! dürft' ich nur frey handeln. Doch, nun ist's einmal angezettelt, und die Kriegslist nicht unfein ersonnen. Und was denn?

Schon lange, und zumal diesen ganzen Sommer über, hatt' ich grosse Lust, noch einmal, vielleicht in meinem Leben zum letzten Mal, eine kleine Reise nach Zürich zu machen, und dann die Rückkehr über Schaffhausen zu nehmen, wo ich in meiner Jugend mehr als ein Abentheuer bestuhnd. *) Aber, bewahre der Himmel, nur den Gedanken daran durft' ich bey meiner Herrschaft nie blicken lassen, bis mir denn eben gestern Abends, wie gesagt, eine Kriegslist einfiel, die mir indessen anfangs auch ein Paar Scrupel erweckte. Aber, was hilft's? Entweder List, oder keine Lust! Und letzter war die Frage bald entschieden. Also, ich schrieb gestern ein Briefgen, und machte meiner Gebietherin weiß, es sey von einem Herrn ** mit dem ich Geschäfte mache, und der mich nach Schmerikon beschied. Nun war alles gut; aber, hieß es, mein jüngerer Bube soll mich begleiten. Desto besser.

*) S. Die Lebensgeschichte. p. 88. u. f. f.

6. Nov.

Den 29. Okt. brachen wir auf; und meine Frau nahm wahrlich freundlicher von mir Abschied als ich's verdiente. Auch plagten mich anfangs allerley widrige Ahndungen, ich möchte meinen Betrug und meinen Vorwitz theuer bezahlen müssen. Endlich konnt' ich doch diese Grillen vertreiben, schwatzte mit meinem kleinen Jakob, sang, pfiff, und dachte: Es ist nun eingefädelt; wärst eine feige Memme, wenn du's itzt nicht genössest; Weib und Kinder sind ja Gott befohlen und wohl versorgt. So kamen wir bis ins Schwarzholz, wo man sonst eine herrliche Aussicht über den Zürcher-See hat; aber die war diesmal mit einem schuhdicken Nebel bedeckt. Ach! dacht' ich, schon wird etwas von meinen Ahndungen erfüllt; was soll ich in dieser egyptischen Finsterniß machen? Das wird eine saubere Lustreise werden, so durch diesen kalten Nachbar durchzuwaden, u. s. f. Ich Thor — denn bald hätt' ich über diesen schönen Ausrufungen nicht wahrgenommen, daß ich mich nur umwenden, oder zur Rechten und Linken blicken dürfte, so konnte — die Aussicht kaum entzückender seyn; und jener Nebel selber gehörte mit dazu, der vor, neben und über mir liegenden Naturszene ihr volles Interesse zu geben. Ueber unserm Kopf die hohen Alpen, und noch höher das hellblaue Himmelsgewölb; neben uns das ewigfrische Grün des Nadelgehölzes, von der Morgensonne durchblitzt; zun Füßen eben unser Nebelozean, hie und da von einer krausen Welle empört, aus welcher, wie von der Zauberruthe berührt, die Insel irgend eines besonneten Hügels hervortrat. Dann wurden allmählig die beydseitigen Ufer des Sees, und endlich auch sein Beth, von ihrer Hülle frey. Welch ein Anblick, und welche Veränderungen! So ging's bis nach Schmerikon. Von hier sandt' ich meiner Frau ein Briefgen; meldete ihr dieß und das, allerley Nichts mit grossem Gepränge, und schloß endlich mit der Nachricht, ich müßte mit meinem Herrn ** auf Zürch, und werde vor dem Sonntag kaum nach Haus kommen. Während meinem Geschreibse blickt' ich einmal auf; mein kleiner Jakob lächelte mich so unbefangen an, und ich ward roth bis über die Ohren, daß ich die Mutter des Buben nun zum zweytenmale zu täuschen im Begriffe stuhnd. Aber es blieb denn doch bey dieser fliegenden Hitze! — Gegen Mittag marschirten wir weiter bis Rapperschweil, und spiesen dort zu Mittag; auf den Abend noch bis auf Stäfa, alles dem rebenbekränzten Ufer nach; vielleicht dem schönsten Amphitheater in der Schweitz. Ich stuhnd immer stille, durchguckte alles in die Kreutz und Quere, und konnte des Anblicks nicht satt werden. Als es gegen Nacht ging, macht' ich meinem Jungen noch Freude mit Braut über See. Auch er hatte seine heutige Pilgerschaft sehr vergnügt zugebracht. Zwar richtete er seine Aufmerksamkeit, als ein Kind, wie billig, meist auf unbedeutende Dinge; und was ihm vorzüglich gefiel, waren die dicken Bäuche der Wirthe.

Des folgenden Morgens ging's, doch erst gegen neun Uhr, weiter über Männedorf, Meila, Herrliberg, Küßnacht u. s. f. in die Stadt; immer dem Gestade nach, das von schönen Landhäusern und herrlichen Obst- und Blumengärten wie besäet ist. Gegen Zürch zu, schienen mir jedoch die Gebäude meist älter und nicht mehr so zierlich zu seyn, wie in den obern Dörfern. Küßnacht hatte sich noch nicht vollends aus seinen schrecklichen Ruinen vom J. 1778. erhoben. Ganz nahe an der Stadt mußten wir noch ein Weilchen ausruhen. Mein kleiner Jakob war todtmüde. Dennoch stolperten wir, als wir zur Pforte hinein kamen, noch erst durch manche Gasse, gafften an alle Häuser hinauf, und langten endlich 4. Uhr Abends beym Schwerdt an; wo uns denn freilich die Zeit eben nicht vorbeyflog bis 8. Uhr, wo die Eßglocke geläutet wurde; denn in diesem Gasthofe, wo beständig fremde Herrschaft logirt, geht alles ungemein ordentlich und methodisch zu. An die zwanzig Knechte und Mägde sind zur Bedienung da. Der Gastwirth selber, Herr Ott, fällt wie ein feiner Staatsmann in die Augen.

Mein Hauptzweck war, Zürchs grosse und berühmte Männer einmal mit Leibesaugen zu erblicken. Der erste bey dem ich zusprach, war der Doktor Hirzel; er nahm mich mit besondrer Freundlichkeit auf; ich fand an ihm, was ich mir vorgestellt hatte, einen im Umgange eben so hoch aufgewelkten, als aller wissenswürdigen Dinge kundi-

gen Mann; und noch nie hab' ich einen Stadt-
herrn gesehen, der den Bauernstand so hoch nicht
bloß zu schäzen, sondern auch zu ehren weiß. Er
gab mir den Knecht mit zu einem Herrn ***,
an den ich von unserm Pfarrherr empfohlen war.
Derselbe war etwas kränklich; aber ich fühlte mich,
durch seine liebende Mittheilung, und die Harmonie unsrer Gesinnungen über religiöse Gegenstände zumal, von dem ersten Augenblick an,
zu ihm hingezogen. O wie gern' möcht' ich
diesem Herzensmann seine Gesundheit erbitten.
— Hernach ging ich zu dem Rathsherrn Geßner, einem kleinen Männchen, wie wir Bauern-
flegel etwa zu sagen pflegen, und der zwar
keinem Schäfer, aber, wie es seyn soll, einem
Dichter desto ähnlicher sieht. Die durchdringende
und doch so angenehme Leuchte seiner Augen flößte
mir das größte Zutrauen ein. Wie ich ins Zimmer trat, stuhnden etliche, ich glaube französische
Baronen, auf den Zehen vor ihm; ungeachtet ich
der Sprache nicht kundig bin, bemerkt' ich doch an
seinem lachenden Munde, und hinwieder an ihren
Spitzmäulern, daß er ihre geschraubten Schmeiche-
leyen denk' ich, mit lauter treffendem Witz erwiederte. Der vortreffliche Mann, bey dem ich nachher ein Paar Stunden zubrachte, und der sogar
meinem läppischen Urtheil über Miltons und
Klopstocks über- und unterirrdische Phantasieen
mit Nachsicht zuhören mochte, hatte endlich gar die
Güte, meinem Buben die Druckerey zu weisen. —

Nun marschirten wir weiter zu Herrn Lavater. Ich traf ihn auf seiner Studierstube an: "Was wollt Ihr"? sagte er. "Den grossen Lavater sehn", sagte ich; und er: "O, Ihr seht nichts als einen armen Sünder"; und ich: "Ach! das sind wir ja alle." Dieser merkwürdige Mann, der, so unbescheiden, bald von jedem Landstreicher, so wie es gerad' itzt auch von mir geschah', überlaufen wird, mochte mich anfangs ebenfalls für einen Bettler halten, und bemerkte mir nämlich: "Daß er dießmal weder mit geistlichem noch mit leiblichem Gold versehen sey." Ich sagte ihm aber, wie er's gern hören mag, ganz rund heraus; daß ich zwar ein armer Wicht, aber doch des leztern nicht bedürftig sey; das erstre fänd' ich in seinen Schriften. — Dann beschenkte er mich wirklich mit seiner Silhouette, etlichen kraftvollen Taufzetteln, und einem artigen Büchelgen. Nachwerts wurden wir in einem sehr ernsthaften Gespräche durch eine Kiste voll Kupfer und Zeichnungen unterbrochen, die ihm von einem gewissen Lips, den er sehr großmüthig zur Kunst gefödert hatte, aus der Fremde anlangten. Itzt nahm ich meinen Abscheid, und dachte: Nun Herr, lassest du deinen Diener, u. s. f. Vor der Hausthüre langte schon wieder eine ganze Prozeßion fremder Herren und Damen an; mein kleiner Jakob hielt es für eine Hochzeit. — Auf den Abend wurd' ich zu einer Gesellschaft ziemlich junger Herren eingeladen; sie gückten mich alle durch und durch, und thaten ungleich

mehr Fragen an mich, als ich beantworten konnte.
Ich nahm aber bald den Reißaus.

Den 1. Novembr. streiften wir des Morgens
noch eine Weile in der Stadt herum, bestiegen den
Münsterthurm, u. s. f. Nach dem Essen gieng's
nach Winterthur; des folgenden Tags über Elgg,
Dänikon, Eschlikon, Sirnach und Rickenbach
nach Hause, wohin ich dann, wie die meisten Pilger, nebst etwas wenig Erfahrung, freylich hauptsächlich einen lären Beutel und müde Bein' zurückbrachte. Und kurz, diese Reise war nicht weder
mein größtes noch mein erstes Narrenstück, und
wird auch nicht mein letztes seyn. Im Ganzen
war's noch gut genug abgelaufen; und, was den
Betrug anbetrift, wird er so bald nicht an den
Tag kommen.

7. Nov.

Was nützt das Reisen? Viel oder nicht viel, nachdem der Mann ist. Dem Gescheuten nützt eben Alles, und dem Narrn Nichts. Nun möcht' ich nicht
sagen, daß ich gerade gescheut wäre; und ausdrücklich zu behaupten daß ich ein Thor sey, will mir
auch nicht recht von der Leber. In Absicht auf Moralität ist der Vortheil eines solchen Herumziehens für
mich eben nicht groß; denn ein bischen weltklüger
zu werden, ist wahrlich noch ein zweydeutiger Gewinn. Vollends ohne Geld ist's ein elendes Reisen,
und Sparen ist da am allerwenigsten meine Sache.
Nur ein Paar Tage von Haus, so komm' ich in jeder
Rücksicht schon aus dem Gleise, und wochenlang nicht

wieder darein. Ja, wer auf Reisen mit Handwerk oder Gewerbe sein Brodt zu gewinnen sucht, der lernt dann schon, im Ausland wie bey Hause, wo nicht einzig doch vornehmlich auf seinen Beruf zu sehn; des Morgens frühe, des Abends spath zu seyn, keine Strapazzen zu scheu'n, und besonders seine Ausgabe pünktlich nach der Einnahm' einzurichten. Aber dazu braucht's einen gesetzten Mann, den ich vielleicht in meinem Achtzigsten wohl noch werden kann. Und kurz solche Handelsreisen sind nicht jedermanns Ding. Ich weiß ein trauriges Beyspiel hievon, ich meyne des jungen P*. von G**. seines. Sein Vater, ein grosser Handelsherr, nahm ihn mit sich nach Rußland. Aber der Bursche gab wenig Achtung auf die Geschäfte; ließ überall den Vater sorgen und zappeln, und stellte sich endlich, da sie auf ihrer Rückkehr nach Riga kamen, als ob ihn ein plötzliches Heimweh ergriffen hätte. Der gute Alte ließ sich bethören, gab ihm eine hübsche Bourse, und erlaubte ihm, mit der Post vorauszureisen. Aber schon in der nächsten Stadt ließ er Post Post seyn, und sah' sich nach aller Gattung verbotener Lust um, so daß er seinem Beutel in wenig Zeit auf den Boden sah'. Zufällig traf er auf einen Landsmann, der seinen Vater kannte, und ihm willig ein Paar hundert Thaler lieh. Daraus kauft' er sich ein hollsteinisch Pferd, worauf denn auch diese Summe bald verritten war, ohne daß er damit um ein Merkliches weiter gelangte. Als nun von den zweyhundert Thalern kaum noch zwanzige übrig blieben, jagte er in forcirten Tagereisen bis Frankfurth an der Oder, wo er seinen Hollsteiner einem Schmied in die Kur gab, und, als diese nicht gelingen wollte, das arme Thier um ein Spottgeld verkaufen mußte. Aber auch dieses hatte ihm eine Dulcinee nicht nur in Einer Nacht aus der Fiecke gelockt, sondern ihn noch per Saldo einem preußischen Werber überliefert, von dem er itzt nur so gerne ein kleines Handgeld empfieng. Nachwerts kam das Pferd zu Ulm auf den Markt, wo es der erwähnte Landsmann, der durch Zufall um dieselbe Zeit dort anlangte, erkannte; von dem Verkäufer die Geschichte seines Reuters erfuhr, und solche dem bedauernswürdigen Vater überbrachte, der bey seiner Rückkehr den Sohn schon längst wieder im Schooß seiner Familie erwarmt zu finden hofte, und ihn aber itzt, freylich nach langem Kampfe, auf das Zusetzen strenger Geschwister hin, noch so vieler von Zeit zu Zeit erhaltener Zuschriften ungeachtet, wenigstens noch eine Weile seinem Schicksal überlassen wollte. Aber diese Zeit mochte Freund Urian nicht erwarten, und nahm mit etlichen Spießgesellen gleichen Gelichters den Reißaus. Bey Nacht und Nebel kamen sie glücklich wie sie wähnten bis ins erste sächsische Dorf, das aber unglücklicher Weise bloß — das letzte preußische war. Noch eine kleine halbe Meile, oder, statt zu Fuß, auf dem verluderten Hollsteiner, so stuhnd er auf freyer Erde. Aber, was seyn soll schickt sich wohl; sie wurden verrathen, eingeholt, nach ihrem Regiment zurückgebracht, und, o Jammer! Spißruthen gejagt. P**. ferneres Schicksal hab' ich bis auf diesen Tag nie erfahren können. So viel indessen von Reisen, wozu einen nicht Beruf oder Noth treibt.

15. Dez.

Selten verstreicht ein Tag, wo wir nicht ein Glück haben, oder einer Gefahr entgehen; aber nicht alle Tage sehen, fühlen und erkennen wir's. Gestern Abends, auf dem Heimwege von Ganterschweil, wollt' ich auf der dortigen Hohlstrasse einem schwer geladenen Wagen ausweichen, glitschte auf dem beeisten Pfade, fiel rücklings zu Boden, und rutschte gerade zwischen die Räder. Der Wagen war in schnellem Gange, die Strasse eng und hart gefroren; es schien unvermeidlich, und fehlte auch gewiß keinen Zoll, so hätt' mir das hintere Rad beyde Beine zerquetscht, hätte mir die gütige Vorsehung nicht so viel Geistesgegenwart geschenkt, daß ich mich blitzschnell drehen, und die Füß' in die Höhe recken konnte. Ein Beteljunge gieng eben auch dem Wagen nach: „Dir hätt's, beym D** können feh„len„, sprach' er; und ich: „Ja!.. das... „hätt's„; und schlotterte *) an allen Gliedern. Kurz, ich weiß, wie mir's zu Muthe war; allen Menschen, die mir bis nach Haus aufstießen, hätt' ich von meinem Glück erzählen mögen; aber ich wußte gar zu wohl, daß ein andrer nicht die Empfindung hätte, wie ich und der Betelbub, der ein Augenzeuge davon war, und sein Erstaunen — Gott verzeih's ihm — freylich durch einen Schwur bezeugte, aber sich auch so innig mit mir zu freuen schien, daß ich's itzt nicht begreife, warum ich den

*) Mir schauerte es.

Gesell nicht heim nahm, oder ihm doch einen drey»
fachen Zehrpfenning gab.

21. Dez.

„O wie muthen mich alle deine Werke, und alle
deine Einrichtungen an *), du grosses, wunderba»
res Wesen! Hängt izt grauer Nebel wie ein Trauer»
flor über unsre Berge hinab, stehn gleich die Wäl»
der blank da wie ein gepanzertes Heer, und pfeift's
durch die Lüfte, daß dem wandernden Hörer bald
alles Hören vergeht, so bricht doch, so bald er wie»
der bey Haus ist, dein Licht schon am frühen Mor»
gen so erquickend in sein Schlafgemach. Und dann
die trauten, stillen Nächte, wie sie unserm Geist so
gesund sind! Wie er da so fesselloß und unzerstreut
in höhere Reviere zum Nachdenken über seine grosse
Bestimmung, und vollends zu dir, Unendlicher! sich
erheben kann!

*) Provinzial, für: Wie sind sie mir so anmuthig.

www.ingramcontent.com/pod-product-compliance
Lightning Source LLC
Chambersburg PA
CBHW031342230426
43670CB00006B/411